W0214258

Imke Martens

Die Küche des Maharadscha

Verführerische Klassiker aus Indien

unverkäufliches
Rezensionsexempla

GONDROM

Die Autorin

Imke Martens ist gelernte Ernährungsberaterin und Köchin und als Autorin für Kochbücher sowie als Food-Journalistin tätig.

© Gondrom Verlag GmbH, Bindlach 2006

Producing: twinbooks, München
Covergestaltung: HildenDesign, München
Umschlagfotos: © HildenDesign, München

Alle Rechte vorbehalten:
Kein Teil dieses Werkes darf ohne schriftliche Einwilligung des Verlages in irgendeiner Form (Fotokopie, Mikrofilm oder ein anderes Verfahren) reproduziert oder unter Verwendung elektronischer Systeme verarbeitet, vervielfältigt oder verbreitet werden.

002

ISBN-10: 3-8112-2725-4
ISBN-13: 978-3-8112-2725-5

5 4 3 2 1

www.gondrom-verlag.de

Inhalt

Genuss für alle Sinne

Indien ist der Subkontinent voller Mystik und Widersprüche. Drei Weltreligionen – Hinduismus, Buddhismus und Islam – prägen das tägliche Leben und seine Bewohner. Die beeindruckende Vielfalt der indischen Küche resultiert auch daraus, dass die mehr als drei Millionen Quadratkilometer der Staatsfläche in nicht weniger als 31 Regionen und Territorien unterteilt sind. Über eine Milliarde Menschen leben im siebtgrößten Staat der Welt. Es ist also kein Wunder, dass es *die* indische Küche überhaupt nicht gibt.

Aufgrund der geografischen Ausdehnung und der unterschiedlichen natürlichen Ressourcen hat die Landesküche regionale Speisen mit typischen Merkmalen herausgebildet. Auch die vielen verschiedenen Religionsgemeinschaften haben Nahrung und Küche beeinflusst, da jede für sich strengen Essensvorschriften folgt.

Die Mehrheit der Hindus (immerhin 80 Prozent der Bevölkerung) speist vegetarisch, nur einige wenige verzehren Fleisch. Rindfleisch ist absolut tabu, denn im Hinduismus gilt die Kuh als heiliges Tier. Dagegen essen Muslime (etwa elf Prozent der Bevölkerung) sehr wohl Fleisch, lehnen jedoch Schweinefleisch strikt ab.

Die Dschainas, Anhänger einer in Indien beheimateten Religion, führen den Respekt vor dem Leben so weit, dass sie in der Erntezeit sogar auf Obst und Gemüse verzichten – es könnte ja ein Wurm darin sein. Streng Gläubige meiden sogar Tomaten und Rote Bete, weil sie an Blut erinnern.

Die Kastenlosen, also die unterste Schicht der indischen Gesellschaftsordnung, müssen dagegen nahezu alles verzehren, um ihr Überleben zu sichern.

Es gibt daher eine Vielzahl an unterschiedlichen Gerichten und Würzmischungen, die die indische Küche so unvergleichlich macht. Einige der leckersten Gerichte aus diesem Schmelztiegel der Kulturen finden sich in diesem Buch.

Die Vielfalt der indischen Küche

Religiöse Einflüsse bestimmen zwar hauptsächlich die Essgewohnheiten Indiens, aber auch historische »Nachwirkungen« spielen eine Rolle. So findet man neben den kulinarischen Einflüssen aus der Zeit des Mogulreichs, das zwischen Mitte des 16. und 19. Jahrhunderts in Indien bestand, auch Spuren der britischen und portugiesischen Küche. Allen Küchen Indiens gemeinsam ist jedoch die Vielfalt an Gewürzen und Aromen, die zur Zubereitung der Gerichte verwendet werden. Die Zusammensetzung weicht jedoch auch hier regional voneinander ab.

Nordindien

Im Norden des Landes sind noch heute die Einflüsse der Moguln (muslimische Herrscher) spürbar, die Indien im 16. Jahrhundert eroberten. Als echte Genießer und Gourmets brachten sie aromatische Reisgerichte, wie Nuss- und Obstpilaw, ins Land. Auch ihre Vorliebe für Fleisch-Reis-Schmortöpfe – Biryanis – hat markante Spuren hinterlassen. Dabei bildet duftender Basmatireis, der am Fuß des Himalayas angebaut wird, die köstliche Grundlage. Die späteren Herrscher Indiens, die Welteroberer des Britischen Empire, haben diese Küche rasch zu schätzen gelernt. Ihre Bezeichnung dafür – Curry – hat allerdings viel Verwirrung gestiftet. Ein Curry ist keineswegs ein Gewürz, sondern meint ein Schmorgericht mit reichlich Sauce.

Die Moguln waren für rauschende Feste und erlesene Bankette an ihren Höfen bekannt. Auf Gold- und Silbertabletts türmten sich die köstlichsten Speisen, raffiniert gewürzt und dekoriert mit Blättern aus Silber, die Vark genannt wurden. Noch heute werden im Norden Indiens zu besonderen Anlässen, wie etwa Hochzeiten, verschwenderische Gerichte im Stil der Moguln gereicht. Auch die beliebten Kormas und Koftas gehen auf die alten Herrscher zurück. Kormas – geschmortes Fleisch in dicker Sauce – und Koftas – würzige Fleischbällchen in Sauce – gehören noch heute zu den beliebtesten Speisen. Überhaupt wartet der Norden hauptsächlich mit Fleischgerichten auf: Kräftige Mughal-Currys mit Lamm oder Hühnchen, die traditionell in Ghee (geklärte Butter) gegart werden, verführen die Sinne ebenso wie zahlreiche Shahi-Gerichte und Rogan Josh (Lammcurry); gern verwendete Zutaten sind dabei Sahne und Mandeln. Die nordindische Küche geht geradezu verschwenderisch mit cremigen Saucen um, und die Gerichte werden oftmals großzügig mit Safran und Nüssen bestreut. Diese Region Indiens ist vom Hinduismus geprägt, Rindfleisch kommt deshalb nur selten auf den Tisch.

Der *Punjab*, das Fünfstromland im Nordwesten Indiens, ist zudem die Heimat der Tandoori-Küche: Hühnchen, Fleisch oder Fisch werden mariniert und anschließend im Tonofen (Tandoor) gebacken. Allerdings sind die Häuser in den Städten kaum noch mit einem halb in die Erde eingegrabenen Lehmofen ausgestattet, man begnügt sich gemeinhin mit Elektro- oder Holzkohlegrills.

Die nordindische Küche gilt allgemein als die verträglichste für den europäischen Gaumen, da hier die Speisen erst bei Tisch nach eigenem Gusto mit scharfen Chutneys, Relishes und Würzsaucen angereichert werden, nicht, wie im Süden Indiens üblich, bereits bei der Zubereitung. Im Norden wird vorwiegend Weizen angebaut. Es wird deshalb zum Essen Fladenbrot wie Pooris, Chapatis und Nan gereicht.

Südindien

Die Küche des Südens ist sehr abwechslungsreich und bei weitem nicht immer »nur« scharf. Ausgesprochen scharf ist jedoch der Kochstil in *Andhra Pradesh*, vor dessen Chilivorliebe angeblich sogar Inder warnen. Durch die Verwendung von Kokosnussmilch und -fleisch ist die Küche von *Kerala*, einem Bundesstaat an der Südwestküste Indiens, recht mild, während in der Küche von *Tamil Nadu* an der Südostküste Korianderpulver (siehe Seite 11 ff.) besonders raffiniert verwendet wird: Hier werden verschiedene Arten von Fisch oder Fleisch mit Pfeffer und gemahlenem Koriander gekocht. In den südlichen Landesteilen wird zu jeder Mahlzeit Reis gereicht. Er gehört zudem zu den vorwiegend vegetarischen Currys. Hauptbestandteile der südindischen Küche in *Goa*, einem an der Südwestküste gelegenen Bundesstaat, sind Meeresfrüchte, Kokosnüsse, Senföl (die Senfpflanze gedeiht in den heißen und feuchten östlichen Ebenen) und frische Pfefferschoten. In der Heimat der berühmten scharfen Schweinefleischspezialität Vindaloo verleihen Chilis und Essige den Gerichten zusätzlich einen süß-sauren Geschmack. Beliebt sind auch die Chourisso (Schweinswürste), die die Portugiesen im 16. Jahrhundert ins Land brachten.

Da in dieser Region als Erbe der Eroberung durch die Portugiesen christliche Enklaven zurückblieben, finden sich hier auch verschiedene Schweinefleisch-Currys. Auch die »Ente Bombay« stammt von hier. Dabei handelt es sich allerdings weder um eine Ente noch stammt das Gericht aus *Bombay*: Hinter dem Namen verbirgt sich ein kleiner Fisch, der in der Sonne getrocknet und in feine Streifen geschnitten verkauft wird.

Im heißen *Madras* und den umliegenden Landesteilen gehören – oft kombiniert mit Reis – Hülsenfrüchte auf den täglichen Speiseplan. Daneben spielen tropische und subtropische Früchte, die hier in Hülle und Fülle wachsen, eine große Rolle. Eine beliebte Zwischenmahlzeit sind Bananen, während die großen grünen Blätter des Bananenbaumes häufig traditionell anstelle von Geschirr zum Servieren verwendet werden.

Die südindische Küche ist für ihre Thalis, Platten mit Gemüse, Joghurt und Chutneys bekannt. Dazu gibt es hier ebenfalls Reis. Auch die Snacks sind sehr schmackhaft, die Desserts sind süß und lecker. So sind beispielsweise Barfi, ein Milchdessert mit Gewürzen und Nüssen, oder Kulfi, indisches Eis mit Kardamom- oder Pistaziengeschmack, wahre Köstlichkeiten.

Indische Ess- und Kochkultur

Seit die fernöstlichen Lehren, etwa Yoga und Ayurveda, bei uns hoch im Kurs stehen, erfreut sich die indische Küche hierzulande zunehmender Beliebtheit. Gegessen wird in Indien grundsätzlich mit den Fingern – und zwar nur mit den Fingern der rechten Hand. Zwar wäscht man sich vor und nach dem Essen gründlich beide Hände, doch die linke gilt als unrein. Im Norden wird zuweilen auch ungesäuertes Brot wie Chapatis als »Besteck« genutzt, während sich die Inder im Süden lieber mit der Hand behelfen.

Entgegen europäischen Gepflogenheiten werden indische Mahlzeiten nicht nacheinander in einzelnen Gängen aufgetragen. Alle Zutaten und Komponenten werden gleichzeitig auf dem Thali – einem großen Tablett – serviert und die einzelnen Gerichte in separaten Schüsseln gereicht. Die Auswahl der Speisen erfolgt mit dem Ziel, eine harmonische Mischung von Geschmacksrichtungen anzubieten.

Das Frühstück besteht in der Regel aus Chapatis, Reis mit Linsenbrei, Gemüse, im Süden gibt es zusätzlich Idlis (gedämpfte Reiskuchen), dazu Tee (im Norden) oder Kaffee (im Süden). Typische Hauptgerichte der indischen Alltagsküche:

• *Tandoori*-Gerichte bestehen aus mariniertem Fleisch, das im Lehmofen schonend gebacken wird.
• *Biriyani*-Gerichte, in der einfachsten Version Pullaos, sind würzige Reisgerichte mit Fleisch oder Gemüse.
• *Tikka* ist klein geschnittenes Hühner- oder Lammfleisch, *Vindaloo* dagegen ist sehr scharf geschmort. Außerdem gibt es unzählige Rezepte mit Meeresfrüchten oder Gerichte mit Kokosmilch.
• Kleine Snacks, wie etwa *Samosas* (frittierte Fleisch- oder Gemüseteigtäschchen), *Uttapam* (Reismehlpfannkuchen mit einer Zwiebel- und Tomatenfüllung) oder *Masala Dosai* (dünne Pfannkuchen mit einer Gemüsefüllung) runden die Alltagsküche ab.

Hauptmahlzeiten, die in Indien im Übrigen am Abend eingenommen werden, bestehen in der Regel aus Gemüse, Fleisch und Fisch, oder sie werden mit Eiern zubereitet. Besonders verbreitet sind Reisgerichte. Sehr beliebt sind verschiedene Arten von *Currys* mit Eiern, Fisch, Fleisch oder Gemüse. Zu jeder Mahlzeit werden Saucen, Chutneys und Pickles gereicht.

Inder haben darüber hinaus eine ausgeprägte Schwäche für Süßes. Über den Tag verteilt greifen sie immer wieder gern zu verschiedenen Süßspeisen, die man in speziellen Geschäften kaufen kann. Die meisten sind leuchtend bunt, mit Kokosnussfleisch, Nüssen oder Rosenwasser versetzt.

Indische Getränke

Im Süden des Landes wird eher Kaffee getrunken, während der Norden Tee bevorzugt. Indien ist eines der wichtigsten Exportländer für Tee, und der Teeanbau ist ein bedeutender Wirtschaftsfaktor – doch eine eigene Teekultur hat sich nie herausgebildet. Für die Einheimischen war Tee immer ein Getränk der Oberschicht und der Kolonialherren. Die Inder bevorzugen ein Mischgetränk namens *Masala Chai* (Gemischter Tee): Kardamom, Zimt, Kurkuma und andere Gewürze werden mit schwarzem Tee vermengt, in Milch aufgekocht und mit Honig serviert. Das am weitesten verbreitete Getränk allerdings ist ein Joghurtgetränk namens *Lassi*. Lassi gibt es salzig oder süß, einfach oder mit Früchten; im Sommer ist es ein hervorragender Durstlöscher. Auch *Pani* (Limonengetränke) und Kokosnussmilch, direkt aus der Nuss getrunken, sind Klassiker.

Wein passt in den seltensten Fällen zu einer indischen Mahlzeit, da das Bouquet von den intensiven Aromen der Speisen überlagert wird. Besser ist dagegen ein frisches kühles Bier. Was auch immer Sie zu indischem Essen servieren oder trinken möchten, stellen Sie für alle Fälle ein Glas Eis- oder Mineralwasser bereit – ein kräftiger Schluck mit etwas Reis löscht den heftigsten Gewürzbrand!

Die wichtigsten Zutaten

Noch nie war es so leicht, indische Speisen und Menüs auf den heimischen Tisch zu zaubern. Indische Zutaten finden Sie heute fast ausnahmslos in unseren Supermärkten oder in asiatischen Lebensmittelläden.

Obst und Gemüse

»Die« Landesküche kennt eine unglaubliche Vielfalt an Gemüse- und Obstarten. Neben den bei uns bekannten Möhren, Tomaten, Bohnen, Kürbissen und Kohlsorten verarbeiten Inder verschiedene grüne Blätter sowie stärkereiche Früchte und Knollen wie die Jackbaumfrucht oder Yam. Sogar unreife Papayas und Mangos gelten in einigen Regionen als Delikatesse. Allein für Auberginen finden sich mindestens 15 verschiedene Zubereitungsarten, bei denen das Gemüse entweder geröstet, püriert, frittiert, gekocht, geschmort, gegrillt, gefüllt, eingelegt, heiß oder kalt gegessen wird. Für Frischkost hält Indiens Kochkunst allerdings nur wenige Anregungen bereit – Salate sind beinahe unbekannt, und viele

Gemüsegerichte werden so lange gekocht, bis sie zerfallen. Eine gute Möglichkeit, etwas Frisches zu servieren, sind die kleinen variationsreichen *Raitas;* die in Joghurt zubereiteten Gemüse sind kühle Beilagen für jede Hauptmahlzeit.

Reis

Einer der wichtigsten Bestandteile der Mahlzeiten ist Langkornreis, vor allem in der vegetarischen Landesküche des Südens. Der duftende Basmatireis aus dem Himalaya hat lange schmale Körner und hebt sich in der Qualität von den anderen Langkorn-Reisarten deutlich ab, denn der intensiv nussige Geschmack ist einmalig. Der köstliche Basmatireis wird als weißer und auch als brauner Reis angeboten und besitzt eine lockere, körnige Struktur. Stattdessen können Sie auch Patnareis (Langkornreis) oder Jasminreis verwenden.

Wenn Sie für ein indisches Rezept Reis kochen wollen, dann geben Sie den Reis in ein feines Sieb und spülen Sie ihn unter fließend kaltem Wasser so lange ab, bis das Wasser klar bleibt. Anschließend geben Sie den Reis in eine Schüssel, bedecken ihn mit kaltem Wasser und lassen ihn 30 Minuten einweichen. Gekocht wird Reis in Wasser, klarer Brühe oder in Milch. Man rechnet dabei einen Teil Reis auf zwei Teile Flüssigkeit. Wünschen Sie allerdings ein festes körniges Ergebnis, so reduzieren Sie die Flüssigkeitsmenge entsprechend.

Zur Zubereitung von Basmatireis benötigen Sie deutlich weniger Kochflüssigkeit: Rechnen Sie mit 300 Millilitern auf 250 Gramm Basmatireis. Geben Sie den Reis in einen Topf und gießen Sie Wasser hinzu (Faustregel: Das Wasser sollte den Reis um 2½ Zentimeter übersteigen). Lassen Sie den Reis unter Rühren bei starker Hitze aufkochen, verschließen Sie den Topf mit dem Deckel und lassen Sie den Reis bei schwacher Hitze etwa 25 Minuten lang köcheln. Vor dem Servieren muss der Reis weitere 10 Minuten im geschlossenen Topf ruhen.

Hülsenfrüchte

Unverzichtbar für indisches Essen sind getrocknete Bohnen, Erbsen, Linsen und Kichererbsen. Gerichte mit Hülsenfrüchten sind vor allem aus der vegetarischen Küche nicht wegzudenken. Mit Ausnahme von Linsen müssen Sie alle ganzen getrockneten Hülsenfrüchte über Nacht in Wasser einweichen – es sei denn, Sie verwenden vorgegarte aus der Dose.

In Indien sind folgende Hülsenfrüchte besonders beliebt:

Chianna Dal: Die Ähnlichkeit mit gelben Linsen täuscht, denn es handelt sich um geschälte halbierte Kichererbsen.
Kichererbsen ähneln Haselnüssen nicht nur, ihr Geschmack erinnert auch daran. Indische Köche verarbeiten sie zu Mehl, das häufig für Brot, zum Andicken von Saucen oder für den Teig frittierter Speisen verwendet wird.

Linsen: Neben grünbraunen Linsen werden in Indien gern die milderen Varianten der roten und gelben Sorten gegessen. Sie sind praktisch, weil sie nicht eingeweicht werden müssen.
Rote Kidneybohnen: Suppen, Eintöpfe und Currys werden gern mit roten Kidneybohnen angereichert, auch Saucen werden mit ihnen angedickt.
Schwarzaugenbohnen: Die graubeigen ovalen Bohnen mit dem charakteristischen schwarzen Punkt in der Mitte haben einen leicht rauchigen Geschmack.

Öle

Unterschiedlichste Pflanzenöle beleben indische Gerichte. In Sesamöl werden mit Vorliebe Gewürze angebraten, Gemüse wird gern in Senföl eingelegt. Das sehr milde Öl, das aus dem Fruchtfleisch der Kokosnuss gewonnen wird, hat einen lieblichen Geschmack. Es ist besonders im Süden des Subkontinents anzutreffen. Erdnuss- und Sonnenblumenöl eignen sich für die meisten Speisen.

Joghurt

Sowohl in der vegetarischen Küche als auch bei der Zubereitung von Fleischgerichten spielt Joghurt eine wichtige Rolle. Er wird zum Marinieren, als cremige Zutat in Currys und Saucen oder als erfrischende Beigabe zu scharfen Gerichten verwendet.

Nüsse und Mandeln

Beliebte Zutaten in herzhaften und süßen Gerichten sind Pistazien, Cashewkerne und Pinienkerne, aber auch Erdnüsse, Walnüsse und Mandeln. Sie werden in der Regel ganz gekauft und direkt vor ihrer Verwendung frisch gemahlen, weil ihr Aroma auf diese Weise sehr viel reicher und intensiver ist.

Kokosnuss und Kokosmilch

Zahlreiche südindische vegetarische Gerichte entfalten ihren herrlichen Geschmack erst durch die Zugabe von frischer Kokosnuss, auch herzhafte Currys werden auf diese Weise aromatisiert. Anstelle von frischer Kokosnuss eignen sich auch Kokosmilch und Kokosnusspaste; beides wird auch in Dosen angeboten.

Gewürze

Viele Menschen schrecken vor der indischen Küche zurück, weil sie unter dem Ruf leidet, sehr scharf zu sein. Tatsächlich lieben Inder, besonders im Süden des Landes, die feurige Schärfe von Chilischoten. Wer es etwas milder mag, kann alle Gerichte einfach mit weniger Chili oder gänzlich ohne Chili zubereiten. Die übrigen Gewürze dürfen jedoch nicht fehlen, um den typischen Geschmack zu bewahren. Was Sie allerdings nicht benötigen, ist das im Handel fertig erhältliche Currypulver. Eine indische Köchin stellt ihre Gewürzmischung, die *Masala,* immer frisch und passend für das jeweilige Gericht zusammen – ebenso wie das Currypulver.

Damit das Aroma erhalten bleibt und die Gewürze nicht so schnell verderben, werden Samen und Kapseln im Ganzen aufbewahrt. Erst kurz vor der Verwendung werden sie im Mörser oder in einer Gewürzmühle zerkleinert, je nach Bedarf auch zusammen mit Reis oder Weizen in der Getreidemühle. Ein besonders duftiges Aroma bekommen die Samen, wenn sie vor dem Zerkleinern kurz und ohne Fett in einer Pfanne angeröstet werden.

Die beliebtesten Gewürze im Überblick:

Ajowan ist mit Kümmel und Kreuzkümmel verwandt. Die kleinen braunen Samen werden in Südindien zum Würzen von Brot und Gemüsegerichten verwendet.
Anis und Sternanis sind beliebte Zutaten in Gerichten aus den Bengali- und Kaschmirregionen. Verwendung findet der aromatisch-süße Sternanis beispielsweise in Schmorgerichten und Pilaws.
Asafoetida (Asant) ist ein feingliedriges, grünes Doldenblütengewächs, das in seinem Geschmack an Knoblauch erinnert. Wegen seines unangenehmen Geruchs wird es auch Teufelsdreck genannt. Zum Würzen wird der Milchsaft aus der Wurzel verwendet, der beim Trocknen zu einer braunen, harzartigen Masse wird.
Bockshornklee (Trigonella): Eigentlich sind die Bockshornkleesamen Hülsenfrüchte wie beispielsweise Kichererbsen, entwickeln aber einen bitteren Geschmack und ein sehr intensives Aroma. Aus diesem Grund werden sie, meist gemahlen, als Gewürz eingesetzt. Zum Einlegen von Pickles werden die ganzen Samen verwendet.
Cassia (Chinesischer Zimt): In Aussehen und Geschmack ähnelt es dem uns bekannten Zimt. Zum Würzen von Fleisch, Currys, Reis und Süßspeisen wird die Rinde junger Zimtbaumzweige verwendet.
Cayennepfeffer: Dieses orangerote Pulver, das aus den aus getrockneten Chilischoten eines bis 1 Meter großen Halbstrauchs gewonnen wird, ist extrem scharf.
Chat Masala: Diese Gewürzmischung wird vor allem für Obst- und Gemüsesalate verwendet. Sie erhalten die Mischung im Asia-Laden. Sie können sie aber auch selbst herstellen: Vermengen Sie dazu ¼ Teelöffel Chilipulver, ½ Teelöffel Garam Masala (siehe Seite 13), 2 Esslöffel Mangopulver und 2 Esslöffel schwarzes Salz (aus dem Asia-Laden) miteinander.
Chili: Die grünen Schoten sind unreif und besitzen ein kräftiges Aroma. Die roten Schoten stammen von der gleichen Pflanze, werden reif gepflückt und in der Sonne getrocknet. Achtung: Sparsam verwenden, da sehr scharf! Ideal, um Currys die nötige Schärfe zu geben.
Curryblätter: Sie stammen von einem kleinen Baum, der an den Ausläufern des Himalaya wild wächst. Curryblätter sind nicht unbedingt Bestandteil des Currypulvers, gelten aber für das Madras-Currypulver als unverzichtbar. Sie werden meistens frisch zu indischen Gerichten

gegeben. Hierzulande kommen sie meist getrocknet in den Handel. Dann haben sie aber schon den größten Teil ihres Aromas verloren. Sie können auch Currykraut verwenden, das ebenfalls angenehm nach Curry duftet.
Currypulver: Für die Zubereitung benötigen Sie: 6 rote getrocknete Chilis, 1 Teelöffel schwarze Pfefferkörner, 25 Gramm Koriandersamen, 2 Teelöffel Kreuzkümmelsamen, 1 Teelöffel Bockshornkleesamen, ½ Teelöffel Senfsamen, 10 frische Curryblätter, ½ Teelöffel gemahlener Ingwer, 1 Esslöffel gemahlene Kurkuma.
Entkernen Sie die Chilis und rösten Sie die Gewürze bei schwacher Hitze, bis sie dunkel werden; häufig umrühren oder die Pfanne schütteln, um ein Anbrennen zu vermeiden. Lassen Sie die Gewürze abkühlen, mahlen Sie sie anschließend. Rösten Sie die Curryblätter ein paar Minuten in der Pfanne trocken und lassen Sie sie abkühlen. Schließlich mahlen Sie das Ganze, geben Sie es mit Ingwer und Kurkuma zur Mischung und vermengen Sie es gut miteinander.
Aromatisches Currypulver erhalten Sie, indem Sie 3 Chilis durch 1 Teelöffel gemahlenen Zimt und ¼ Teelöffel gemahlene Gewürznelken ersetzen. Rühren Sie beide zusammen mit Ingwer und Kurkuma unter.
Fenchel: Fenchelsamen ähneln in ihrem Aussehen Kreuzkümmel, ihr Duft erinnert an Anis. Fenchel wird häufig geröstet und kandiert nach dem Essen angeboten, da er verdauungsfördernd wirkt. Er ist Bestandteil der Gewürzmischung *Panch Phoron*. Außerdem werden Getränke, Gebäck und Süßspeisen mit Fenchel gewürzt.
Garam Masala: Diese Mischung umfasst Kardamom, Zimt, Gewürznelken, Kreuzkümmel, Muskatnuss und schwarze Pfefferkörner. Sie wird am Ende der Garzeit unter herzhafte Gerichte gerührt. Garam Masala ist als fertige Gewürzmischung im Asia-Laden erhältlich, Sie können sie aber auch selbst herstellen. Dazu mischen und mahlen Sie je 2 Esslöffel Kreuzkümmelsamen und Koriandersamen, 1 Esslöffel schwarze Pfefferkörner, 2 Teelöffel Gewürznelken, 1 Teelöffel Kardamomsamen, 2 getrocknete Lorbeerblätter, 1 Zimtstange und 1 getrocknete rote Chilischote.
Gelbwurz (Kurkuma): Die Kurkumawurzel wird gereinigt, gekocht und anschließend zu Pulver verarbeitet. Das kräftig orangerote Pulver riecht angenehm würzig und hat einen intensiven Geschmack. In der südindischen Küche wird das Gewürz wie Salz verwendet.
Gewürznelken: Die getrockneten Blütenknospen des Nelkenbaums werden für herzhafte und süße Speisen verwendet. Gewürznelken gehören in das traditionelle Garam Masala.
Ingwer: Vegetarische Gerichte und die Speisen der alten Moguln werden oft mit dem appetitanregenden Ingwer gewürzt. Indische Köche zerstoßen die frische Ingwerwurzel mit Zwiebeln und anderen Gewürzen zu einer Paste. Ingwerpulver sollten Sie nur im Notfall als Ersatz für frischen Ingwer verwenden.
Kardamom: In den Kapseln stecken viele kleine schwarze Samen. Das feinste Aroma entfaltet grüner Kardamom. Er hat zudem eine verdauungsfördernde Wirkung – ein Grund dafür, dass Inder ihn roh kauen, wenn sie besonders scharfe Currys gegessen haben. Vor der Verwendung wird Kardamom leicht zerstoßen, damit die Samen ihr volles Aroma entfalten. Pikante und süße Speisen werden damit gewürzt.

Koriander: Eines der wichtigsten Gewürze der indischen Küche. Damit die Samenkörner der Korianderpflanze ihr Aroma ganz entfalten, werden sie meist ohne Zugabe von Fett geröstet. Die Blätter sind in der Nutzung vergleichbar mit Petersilie (oft als Garnierung), Koriandersamen finden in fast jedem indischen Gericht Verwendung.
Kreuzkümmel (Cumin): Das etwas bittere Aroma der kümmelähnlichen Samen ist Bestandteil der Gewürzmischung Garam Masala, außerdem findet es als Gewürz in Vorspeisen, Hauptgerichten, Pickles und Joghurt-Salaten Verwendung.
Madras-Currypulver: Diese scharfe Currymischung gibt es im Asia-Laden, es lässt sich aber auch leicht selbst herstellen. Sie benötigen dazu 2 getrocknete rote Chilis, 25 Gramm Koriandersamen, 15 Gramm Kreuzkümmelsamen, 1 Teelöffel schwarze Pfefferkörner, 2 frische Curryblätter, 1 Teelöffel gemahlenen Ingwer und 1 Teelöffel gemahlene Kurkuma. Entkernen Sie die Chilis, hacken Sie sie fein und rösten sie mit den anderen ganzen Gewürzen ohne Fett in einer Pfanne. Nach dem Abkühlen mahlen Sie die Gewürze. Rösten Sie die Curryblätter ebenfalls kurz an und zerstoßen Sie diese im Mörser. Vermengen Sie alles mit den übrigen gemahlenen Gewürzen.
Mohnsamen: Die weißen indischen Mohnsamen werden hauptsächlich zum Anbinden und Andicken verwendet. Ersetzen Sie die weißen keinesfalls durch schwarze Mohnsamen, denn diese schmecken ganz anders.
Paprika: Obgleich es farblich Chilipulver und Cayennepfeffer ähnelt, ist Paprika sehr viel milder und wird in der indischen Küche in größeren Mengen verwendet.
Pfefferkörner: Am häufigsten werden in Indien schwarze Pfefferkörner verwendet. Die Früchte werden von der Pfefferpflanze abgeerntet und getrocknet. Sie kommen vor allem in *Biryani*-Gerichten vor.
Safran: Dieses Gewürz gibt Gerichten eine warme goldgelbe Farbe und einen intensiven, leicht bitteren Geschmack. Safran ist aufgrund seines seltenen Vorkommens und seines einzigartigen Aromas das teuerste Gewürz der Welt, weshalb er oft durch andere Pflanzen verfälscht wird. Diese Mischungen färben Gerichte zwar, aromatisieren sie aber kaum. In Indien werden daher bevorzugt Safranfäden, also die unverarbeiteten und damit fälschungssicheren Narben der Safranpflanze, verwendet.
Senfkörner: In ganz Indien sind diese rötlich-braunen Körner eine wichtige Zutat für Pickles. Damit sie ihr volles Aroma entfalten, werden Senfkörner oft in Öl oder *Ghee* (siehe Seite 15) angebraten.
Tamarinde: Als Gewürz wird die unreife Frucht oder das Fruchtfleisch der reifen Hülsen des Tamarindenbaums verwendet. Sie hat einen sauren, aber fruchtigen Geschmack, der sich ausgezeichnet mit der Schärfe von Chilis verträgt und vielen südindischen Gerichten ihren charakteristischen Geschmack und ihre dunkle Farbe gibt. So bekommt zum Beispiel Gemüse durch die Zugabe von Tamarinde einen scharf-sauren Geschmack.
Tandoori-Masala: Für die *Tandoori*-Küche ist das Tandoori-Masala eine unverzichtbare Gewürzmischung. Sie ist fertig zu kaufen, lässt sich aber auch einfach selbst herstellen. Sie benötigen dazu jeweils 3 Teelöffel Ko-

riandersamen, Kreuzkümmelsamen und Cayennepfeffer. Zerstoßen Sie Kreuzkümmel und Koriander im Mörser oder mahlen Sie sie in der Kaffeemühle und mischen dann den Cayennepfeffer unter.
Zimt: In Indien wird Zimt meist in Stangenform verwendet: Um den Geschmack der Rindenstücke freizusetzen, werden sie meist in heißem Öl gebraten, bis sie sich entrollen. Dann werden die Zimtstücke beispielsweise mit Joghurt abgelöscht. Aber auch in gemahlener Form kommt sein süßlich-aromatischer Geschmack zur Geltung. Er ist unter anderem Bestandteil von Garam Masala.
Zwiebelsamen: Der Gewürzname bezieht sich zwar auf die Ähnlichkeit mit den Samen der Zwiebel, aber beim Mahlen oder Zerkauen entwickeln sie ein ganz eigenes, ein klein wenig bitteres Aroma. Die kleinen schwarzen Samen der Nigellapflanze werden über Naanbrote gestreut und zum Einlegen von Pickles verwendet.

Kräuter

Frische Kräuter mildern schärfere Aromen ab und verleihen den Gerichten einen ursprünglichen Geschmack. Sie werden erst kurz vor Ende der Garzeit zugegeben. Besonders beliebt sind Basilikum, Koriander, Petersilie und Minze.

Besondere Zutaten

Einige spezielle Zutaten für indische Speisen finden Sie nur in asiatischen Lebensmittelläden beziehungsweise in gut sortierten Bioläden. Dazu gehören:

Besan: Das Kichererbsenmehl wird für Brote, Bhajis und Teig verwendet. Auch Saucen und Joghurt werden damit angedickt.
Atta: Die Weizenmehl-Spezialmischung (Weizenmehl Type 1 400 wird mit 10 Prozent Weizenkleie gemischt) wird für *Chapati*-Brot verwendet.
Goor ist indischer Blockzucker.
Papads sind dünne getrocknete Fladen aus einem gewürzten Teig, die aus verschiedenen Linsen bestehen.
Shevai sind dünne Nudeln aus Weizenmehl.
Sooji ist Weizengrieß.
Ghee: Ghee wird in vielen Gerichten zum Braten verwendet. Es verleiht den verschiedensten Speisen ein nussiges Aroma. Stattdessen können Sie auch eine Mischung aus Sonnenblumenöl und Butter verwenden. Das Öl verhindert, dass die Butter beim Erhitzen anbrennt. Bei Ghee handelt es sich um reines Butterfett, das heißt, der Butter wurden Wasser und Eiweiß entzogen. So können Sie selbst Ghee zubereiten: Erwärmen Sie Butter in einem Topf bei mittlerer Hitze. Lassen Sie die Butter so lange ohne Deckel köcheln, bis sich ein weißer Bodensatz gebildet hat und das Fett ganz klar ist. Schöpfen Sie zwischendurch den Schaum ab und gießen Sie zum Schluss die Masse durch eine Kaffeefiltertüte oder durch ein mit einem Mulltuch ausgelegtes Sieb. Ghee lässt sich in einem Schraubverschlussglas kühl und lichtgeschützt lagern. Es hält sich auf diese Weise mindestens vier Wochen.

Die Ayurveda-Küche

Ayurveda wird das Wissen vom langen und gesunden Leben genannt. Sie ist eine rund 5 000 Jahre alte Heil- und Gesundheitslehre mit einem ganzheitlichen Ansatz. Meist wird Ayurveda als »das Wissen von einem gesunden, glücklichen und erfüllten Leben« übersetzt. Es handelt sich dabei also nicht nur um eine Heilkunde, die auf Symptome reagiert, sondern um ein komplexes Gefüge, das auf alle Bereiche des Lebens Einfluss nimmt. Die Ernährung gilt dabei als die wichtigste Säule für das Wohlbefinden.

Sich gesund ernähren im ayurvedischen Sinne heißt, auf alle Bedürfnisse im Körper, in der Seele und im Geist eines Menschen durch die richtige Auswahl und Zubereitung von Lebensmitteln einzugehen. Nur so bleibt der Mensch in Harmonie. Die Ernährung sollte generell ausgewogen sein.

Jeder Mensch hat nach der ayurvedischen Lehre spezielle Vorlieben und Bedürfnisse beim Essen. Wer typgerecht isst, bleibt gesund, schlank und ist in Harmonie mit seinem Körper und Geist. Aus ayurvedischer Sicht sind Gewürze und Kräuter Nahrungsmittel mit besonderen Eigenschaften, da sie die Verdauung anregen, die Darmflora regulieren und die Abwehrkraft stärken.

Gesunde Ernährung bedeutet also, dass jeder Mensch seiner persönlichen Konstitution und Lebensweise entsprechend seine Nahrung auswählen und zubereiten soll. Das Ziel einer harmonischen Ernährung ist es, mit jeder Mahlzeit neue Lebensenergie zu gewinnen und das Essen dabei mit allen Sinnen zu genießen. Die Art der Speisen und ihre Zubereitung machen sie leicht verdaulich, alle notwendigen Bestandteile (Eiweiß, Kohlehydrate, Fette, Vitamine, Mineralstoffe, Spurenelemente) sind enthalten. Die Nahrungsmittel, am besten aus biologischem Anbau und im Idealfall ohne Fleischanteile, werden frisch und ohne chemische Zusätze, Konservierungsmittel oder Farbstoffe zubereitet.

Nach ayurvedischer Auffassung sollten die sechs Geschmacksrichtungen süß, sauer, salzig, scharf, bitter und herb in jeder Mahlzeit vorhanden sein. Aus ihr enthält der Körper die Hauptinformation für eine ausgewogene Ernährung.

Wie Sie in den Rezepten entdecken werden, beruht die indische Küche – die im Norden genauso wie im Süden – in einer Vielzahl der Fälle auf den Traditionen des Ayurveda.

Küchenutensilien

Die Ausstattung indischer Küchen gleicht im Großen und Ganzen der westlichen. Besondere Geräte müssen Sie also nicht anschaffen, wenn Sie indische Köstlichkeiten für Familie oder Freunde zubereiten möchten. Folgendes sollten Sie aber auf jeden Fall bereithalten:

• Ein großer tiefer Topf oder ein Wok sowie verschiedene Töpfe und Pfannen mit dickem Boden und Schmortöpfe gehören zu den wichtigsten Utensilien. Der dicke Boden ist zur gleichmäßigen Verteilung der Hitze wichtig. Zudem hält er die Hitze einige Zeit vor, nachdem Sie den Topf von der Herdplatte genommen haben.
• Eine Küchenmaschine eignet sich hervorragend für die vielen Zerkleinerungsarbeiten. Außerdem können Sie sie zum Hacken größerer Mengen Kräuter sowie zur Herstellung von Pasten verwenden. Mit einem kleinen Mixer oder einer Kaffeemühle können Sie auch Gewürze fein mahlen.
• Scharfe Messer gehören in jede Küche, besonders aber in die indische, in der so einiges gehackt werden muss.
• Mit einem Mixer lassen sich Getränke wie Lassi am einfachsten zubereiten.
• Stößel und Mörser: Gewürze sollten immer erst kurz vor der Verwendung gemahlen werden, damit sie ihr Aroma voll entfalten können. Dies funktioniert sehr gut mit Stößel und Mörser. Bei qualitativ hochwertigen Produkten sind die Innenseite des Mörsers und das Ende des Stößels angeraut.

Soweit nicht anders angegeben, sind die Rezepte in diesem Buch für vier Personen berechnet. Die Zubereitungszeit beinhaltet nur die Zeit der Vorbereitung: Zeiten für Garen, Backen, Kühlen, Einweichen, Durchziehen oder ähnliche Wartezeiten sind nicht berücksichtigt. Sie finden diese zusätzlichen Zeitangaben im Rezepttext. Die angegebenen Gartemperaturen und -zeiten sind Richtwerte.

Sie können es kaum noch erwarten, in diese faszinierende Welt der Düfte, Aromen und Farben einzutauchen? Dann wünschen wir Ihnen viel Spaß bei dieser Entdeckungsreise für alle Sinne!

Suppen

Dals

Ideal als kleine Zwischenmahlzeit oder als Bestandteil eines kompletten Menüs: Suppen bereichern die indische Küche in allen Landesteilen und sind entsprechend variantenreich. Je nach Jahreszeit und Zutaten schmecken sie kalt oder heiß. Zu einer Suppe passt Reis oder Brot.

Mungobohnensuppe mit Zitrone

Moong-Nimbu Dal

Zubereitungszeit:
30 Minuten

- **1½ Tassen gelbe Mungobohnen**
- **2 scharfe grüne Chilischoten**
- **1 mittelgroße Gurke**
- **½ TL gemahlener Kreuzkümmel (Cumin)**
- **¾ TL gemahlener schwarzer Pfeffer**
- **12 Curryblätter**
- **Saft von ½ Zitrone**
- **1 TL grobes Salz**
- **2 EL Butter oder Pflanzenöl**
- **½ TL schwarze Senfsamen**
- **¼ TL gemahlenes Asafoetida (Asant)**
- **2 EL gehackte Korianderblätter**

1 Mungobohnen etwa 12 Stunden in Wasser einweichen. Anschließend Bohnen mit Wasser bedeckt in einem Topf zum Kochen bringen und in etwa 30 Minuten gar köcheln. Bohnen in einem Sieb abtropfen lassen.

2 Chilischoten fein hacken. Gurke schälen, halbieren, entkernen und in feine Scheiben schneiden. Mungobohnen, Chilis, Kreuzkümmel, Pfeffer, Curryblätter und 2½ Tassen Wasser in einen großen Topf geben und zum Kochen bringen. Bei mittlerer Hitze zugedeckt etwa 5 Minuten köcheln. Gurkenscheiben zugeben und weitere 4 Minuten köcheln.

3 Topf vom Herd nehmen. Zitronensaft und Salz unterrühren und die Suppe zugedeckt warm stellen.

4 Butter oder Öl in einer Pfanne erhitzen, Senfsamen darin anrösten. Pfanne abdecken, da die Samen springen! Asafoetida zugeben und die Pfanne für einige Sekunden schwenken. Den Pfanneninhalt in die Suppe geben, einrühren und mit den gehackten Korianderblättern garniert servieren.

Tipp

Asafoetida ist eine Mischung getrockneter Gummiharze, die aus den Wurzelknollen verschiedener indischer und persischer Pflanzen gewonnen werden. Asafoetida ist eine beliebte Zutat für vegetarische Speisen. Erhältlich ist es, ebenso wie Curryblätter, im Asia-Laden.

Der Topf kocht am besten auf seinem eigenen Ofen.

INDISCHES SPRICHWORT

Indische Hühnersuppe

Bharatiya Murgsoup

Zubereitungszeit:
30 Minuten

1 Zwiebel
1 Möhre
1 Apfel
1 Stange Porree (Lauch)
2 Hähnchenschenkel
3 TL Salz
2 Gewürznelken
2 Lorbeerblätter
30 g Butter
40 g Mehl
3 TL Currypulver
½ TL Thymian
1 Prise Pfeffer
2 TL Zucker
⅛ l Sahne
Saft von ½ Zitrone

1 Zwiebel schälen, Möhre und Apfel waschen und schälen. Apfel vierteln und Kerngehäuse entfernen. Zwiebel, Möhre und Apfel grob würfeln. Porree waschen, putzen und in Ringe schneiden. ½ Liter Wasser in einen Topf geben, das vorbereitete Gemüse und die Hähnchenschenkel hineingeben. Salz, Nelken und Lorbeerblätter zugeben. Alles bei schwacher Hitze zugedeckt etwa 90 Minuten köcheln.

2 Hühnerfleisch herausnehmen und klein schneiden. Die Suppe durch ein Sieb abschütten, dabei die Brühe auffangen.

3 Butter in einen Topf geben, Mehl hineinstreuen, mit einem ¼ Liter von der Hühnerbrühe ablöschen und daraus eine Mehlschwitze anrühren. Die restliche Brühe hinzufügen. Curry, Thymian, Pfeffer und Zucker einrühren. Das Hühnerfleisch und das Gemüse in den Topf zugeben. Die Suppe mit der Sahne verfeinern und mit Zitronensaft abschmecken.

Tipp

Nehmen Sie selbst zubereitetes Currypulver zum Würzen. Der Geschmack wird Sie für die Mühe entlohnen!

Kalte Joghurtsuppe

Thande Danisoup

Zubereitungszeit:
20 Minuten

1 rote und 1 gelbe Paprikaschote
150 g Kirschtomaten
1–2 rote Chilischoten
1 Stück Ingwerwurzel
2 Zwiebeln
1 EL Sesamöl
1 EL Madras-Currypulver
300 g Joghurt
½ l Kefir, 1 TL Salz
1 EL gehackte Korianderblätter

1 Paprika halbieren, entkernen, waschen und fein würfeln. Tomaten waschen, vierteln, entkernen und in kleine Stücke schneiden. Chilischoten entkernen und fein würfeln. Ingwer schälen und ebenfalls fein würfeln. Zwiebeln abziehen und fein hacken.

2 Öl in einem Topf erhitzen, Ingwer und Zwiebeln darin kurz andünsten. Mit Currypulver bestreuen, einige Minuten weiterdünsten, dann abkühlen lassen.

3 Joghurt und Kefir gut miteinander verrühren und mit Salz abschmecken. Paprika, Tomaten, Chilis, Ingwer und Zwiebeln untermengen. Die Suppe bis zum Verzehr kalt stellen und vor dem Servieren mit Koriandergrün garnieren. Zu dieser Sommersuppe passt geröstetes Fladenbrot.

Scharfe Linsensuppe

Tej Dal

Für 6 Portionen

Zubereitungszeit:
20 Minuten

100 g braune Linsen
1 Zwiebel
½ TL geriebene Ingwerwurzel
1 große Kartoffel
2 große Tomaten
2 EL Butter oder Pflanzenöl
2 TL gemahlener Koriander
1 TL gemahlener Kreuzkümmel
½ TL gemahlene Kurkuma
½ TL Chiliflocken
2 TL Kokosraspel
1–2 TL Tamarindenkonzentrat
150 g Kohl
schwarzer Pfeffer
1 EL gehackte Korianderblätter

1 Linsen mit Wasser bedeckt in einem Topf zum Kochen bringen und ohne Deckel in 20 Minuten gar köcheln. Linsen in ein Sieb schütten und abtropfen lassen.

2 Zwiebel schälen und fein hacken. Ingwer schälen und reiben. Kartoffel waschen, schälen und in kleine Würfel schneiden. Tomaten klein schneiden.

3 Butter oder Öl in einem Topf erhitzen, Zwiebel und Ingwer darin etwa 5 Minuten bräunen. Kartoffel und Tomaten unterrühren und 5 Minuten mitdünsten. Koriander, Kreuzkümmel, Kurkuma, Chili und Kokosraspel unterrühren und weitere 3 Minuten dünsten.

4 Linsen und 1 Liter Wasser in den Topf zugeben, aufkochen lassen. So lange köcheln, bis die Kartoffelwürfel und Linsen beginnen, auseinander zu fallen. Tamarindenkonzentrat unterrühren. Kohl klein schneiden, abbrausen und untermengen.

5 Die Suppe mit Pfeffer abschmecken und vor dem Servieren mit Koriander garnieren.

Variation

Für dieses Gericht eignen sich auch rote Linsen. Die Kochzeit reduziert sich dann auf etwa 10 Minuten.

Arme Leute freuen sich über Suppen.

INDISCHES SPRICHWORT

Gemischte Bohnensuppe

Mulligatawny

Für 6 Portionen

Zubereitungszeit:
40 Minuten

2 EL Weizenmehl
2 TL Madras-Currypulver
1 TL gemahlene Kurkuma
½ TL gemahlener Ingwer
1 kg zerlegtes Huhn
60 g Butter
6 Gewürznelken
12 schwarze Pfefferkörner
1 Apfel
1½ l Hühnerbrühe
2 EL Zitronensaft
⅛ l Sahne

1 Mehl mit Curry, Kurkuma und Ingwer mischen und das Hühnerfleisch mit der Gewürzmischung einreiben.

2 Butter in einem großen Topf zerlassen. Fleischstücke zugeben und bei mittlerer Hitze von allen Seiten bräunen. Gewürznelken und Pfefferkörner auf ein kleines, feines Baumwolltuch (Musselintuch) legen und das Tuch zubinden. Den Gewürzbeutel in den Topf geben.

3 Apfel schälen, vierteln, entkernen und fein hacken. Apfel und Hühnerbrühe in den Topf geben. Aufkochen und zugedeckt 60 Minuten bei schwacher Hitze köcheln lassen.

4 Huhn und Gewürzbeutel aus der Suppe nehmen. Das Fleisch von den Knochen lösen und ohne Haut in kleine Stücke schneiden. Fleisch wieder in den Topf geben. Zitronensaft und Sahne einrühren und die Suppe noch einmal erhitzen. Dazu schmecken geröstete Weißbrotwürfel oder Reis.

Tomaten-Erbsen-Suppe

Tamatar-Chana Soup

Für 6 Portionen

Zubereitungszeit:
20 Minuten

5 große Tomaten
2 EL Ghee
1 Zwiebel
1 Knoblauchzehe
2 TL gemahlener Koriander
2 TL gemahlener Kreuzkümmel
½ TL Fenchelsamen
2 Lorbeerblätter
1 grüne Chilischote
375 g Kokoscreme
240 g Erbsen (tiefgekühlt)
1 EL gehackte Minzeblätter
1 EL Zucker, Pfeffer

1 Tomaten kurz in kochendem Wasser blanchieren, mit kaltem Wasser abschrecken, häuten und fein pürieren.

2 Ghee (oder Butter) in einem Topf erhitzen. Zwiebel und Knoblauch abziehen und fein hacken. Beides im Topf glasig dünsten.

3 Koriander, Kreuzkümmel, Fenchel, Lorbeer und klein gehackte Chilis unterrühren und einige Minuten mitdünsten.

4 Kokoscreme und pürierte Tomaten in den Topf dazugeben und die Masse aufkochen lassen. Bei schwacher Hitze tiefgekühlte Erbsen zufügen und einige Minuten garen. Lorbeerblätter aus der Tomaten-Erbsen-Suppe nehmen.

5 Minze und Zucker einrühren und mit Pfeffer abschmecken. Dazu passen mit heißer Butter eingestrichene Chapatis.

Kokossuppe

Nariyelsoup

Zubereitungszeit:
25 Minuten

1 Zwiebel
2 Knoblauchzehen
1 Stängel Zitronengras
2 EL Erdnussöl
1 TL gemahlene Kurkuma
¼ TL Kreuzkümmel
¼ TL Zimtpulver
400 ml ungesüßte Kokosmilch (aus der Dose)
¾ l Geflügelbrühe
2 Hähnchenbrustfilets
1 Granatapfel
Salz und Pfeffer

1 Zwiebel und Knoblauch abziehen und fein hacken. Zitronengras waschen, den Stängel mit einer Teigrolle flach aufbrechen und wie einen Bindfaden einmal verknoten, damit er sich in der Suppe nicht auflöst.

2 Zwiebel und Knoblauch in 1 Esslöffel vom Öl glasig braten. Kurkuma, Kreuzkümmel und Zimt zugeben und kurz mitbraten. Zitronengras, Kokosmilch und Brühe in den Topf zugießen und zum Kochen bringen. Zugedeckt bei schwacher Hitze etwa 10 Minuten köcheln lassen.

3 Hähnchenbrustfilets kalt abspülen, trockentupfen und quer zu den Fasern in dünne Streifen schneiden. Granatapfel quer halbieren, die Kerne und den Saft über einer Schüssel herauslösen oder mit einem Löffel herauskratzen. Alle Zwischenhäutchen entfernen.

4 Das Fleisch in die Suppe geben, einmal kurz aufkochen und 5 Minuten garen. Zitronengras aus der Suppe nehmen. Die Suppe mit Salz und Pfeffer abschmecken und in heiße Teller geben. Granatapfelkerne mit einer Gabel leicht unterrühren, sodass der rote Saft dekorative Schlieren bildet. Die Suppe sofort servieren.

Ein Willkommen und freundliche Worte mangeln niemals im Hause eines guten Menschen.

INDISCHES SPRICHWORT

Meine Notizen

Salate und Pickles

Raitas Aur Achar

Frische Salate zum Menü, als Zwischenmahlzeit oder Beilage gehören in Indien mit auf den Speiseplan. Allerdings sind sie nicht ganz so beliebt wie eingelegtes Gemüse, das sich im heißen Klima besonders gut hält. Keine Tafel wäre ohne ein Tablett mit einer Auswahl an Pickles zum Dippen komplett.

Linsenbällchen

Vada Pappu

Für 1 Portion

Zubereitungszeit:
30 Minuten

1 Tasse halbierte gelbe Linsen
2 EL brauner Zucker
¼ TL gemahlener Fenchel
¼ TL gemahlener Kardamom
2 Äpfel
2 EL Rosinen
1 Tasse Kokosflocken
1 EL Zitronensaft

1 Linsen verlesen und gründlich waschen. In eine Schüssel geben und so viel Wasser zugießen, dass die Linsen reichlich mit Wasser bedeckt sind. 4 Stunden quellen lassen. Wasser abgießen.

2 Braunen Zucker mit ½ Tasse Wasser in einen Topf geben, bei schwacher Hitze so lange rühren, bis der Zucker sich aufgelöst hat. Linsen zugeben und auf mittlerer Hitze so lange köcheln lassen, bis sie den Sirup vollständig aufgenommen haben (das dauert etwa 20 Minuten).

3 Den Topf vom Herd nehmen, Fenchel und Kardamom unterrühren und Linsen abkühlen lassen. Äpfel schälen, vierteln, entkernen und in feine Würfel schneiden. Unter die abgekühlten Linsen Äpfel, Rosinen und Kokosflocken rühren. Vor dem Servieren mit Zitronensaft beträufeln.

Variation

Dazu passt eine würzige Joghurtsauce: Verrühren Sie dazu 100 Gramm Joghurt mit 30 Gramm Kokosraspel, etwas Chilipulver und 1 Stängel frisch gehacktem Koriander. Gießen Sie die Sauce vor dem Servieren über die Bällchen.

Etwas, das man in seiner ursprünglichen Form nicht essen kann, soll man nicht essen.

MAHATMA GANDHI (1869 – 1948)

Scharfer Mangosalat

Tej Amraita

Zubereitungszeit:
20 Minuten

1 reife Mango

2 EL Kokoschips oder Kokosraspel

1 EL Rosinen

1 grüne Chilischote

1 TL schwarze oder braune Senfkörner

2 EL Zitronensaft

2 TL brauner Zucker

Salz

1 Prise Cayennepfeffer

1 Mango schälen, das Fruchtfleisch vom Stein lösen und in kleine Würfel schneiden. Kokoschips oder -raspel mit den Rosinen in ein wenig Wasser einweichen.

2 Chili waschen und in feine Scheiben schneiden. Senfkörner und Chili ohne Fett kurz in der Pfanne rösten, abkühlen lassen und im Mörser zerstoßen.

3 Zitronensaft, Zucker, Salz und Cayennepfeffer so lange verrühren, bis sich der Zucker und das Salz aufgelöst haben. Alle Zutaten in einer Salatschüssel gut miteinander vermengen.

Tipp

Ein erfrischender Salat, der besonders gut zu Geflügelgerichten schmeckt.

Exotischer Reissalat

Chawalraita

Zubereitungszeit:
20 Minuten

200 g Basmatireis

1 Bund Frühlingszwiebeln

150 g Champignons

2 Orangen

2 EL Crème fraîche

200 g Joghurt

Salz und Pfeffer

1 Prise Madras-Currypulver

1 Basmatireis garen und abkühlen lassen.

2 Inzwischen Frühlingszwiebeln waschen und klein schneiden. Champignons putzen und in Scheiben schneiden. Orangen mit einem Messer so schälen, dass die weiße Haut mit entfernt wird. Orangen achteln und in Scheiben schneiden.

3 In einer Schüssel Reis mit Frühlingszwiebeln, Champignons und Orangenscheiben mischen.

4 Aus Crème fraîche und Joghurt eine Marinade herstellen, mit Salz, Pfeffer und Curry würzen. Die Marinade mit den Salatzutaten mischen.

Kichererbsensalat

Channe Ki Misal

Zubereitungszeit:
20 Minuten

1 Dose Kichererbsen
2 Fleischtomaten
1 Zwiebel
1 Paprikaschote
1 Salatgurke
4 TL Chat Masala
200 ml Essig

1 Kichererbsen in ein Sieb schütten und abtropfen lassen. Tomaten kurz in kochendem Wasser blanchieren, mit kaltem Wasser abschrecken und häuten. Tomaten entkernen und klein schneiden.

2 Zwiebel schälen und fein würfeln. Paprika halbieren, entkernen, waschen und in kleine Stücke schneiden. Gurke schälen, halbieren, entkernen und würfeln.

3 Gemüse in eine große Salatschüssel geben. Chat Masala und Essig verrühren, über das Gemüse geben und vorsichtig durchmischen. Etwa 1 Stunde ziehen lassen.

Geflügelsalat

Murg Raita

Zubereitungszeit:
30 Minuten

4 Orangen
6 EL Orangensaft
50 g Zuckerschoten
2 Bananen
6 EL Zitronensaft
500 g Hähnchenbrustfilet
20 g Butter
2 EL Öl
Salz und Pfeffer
2 EL scharfes Madras-Currypulver
300 g Joghurt
1 TL Zucker
50 g Mandelblätter

1 Die Orangen so mit einem Messer schälen, dass die weiße Haut mit entfernt wird. Orangen filetieren, den Saft dabei auffangen. Zuckerschoten putzen, schräg in breite Streifen schneiden und in kochendem Salzwasser 3 Minuten blanchieren. Mit kaltem Wasser abschrecken. Bananen schälen, der Länge nach halbieren, in Scheiben schneiden und mit der Hälfte des Zitronensafts beträufeln.

2 Hähnchenfilet abwaschen, trockentupfen und in Stücke schneiden. Butter und Öl in einer Pfanne erhitzen und das Hähnchenfleisch darin bei starker Hitze von allen Seiten 5 Minuten anbraten. Mit Salz und Pfeffer würzen. Curry einrühren, mit dem aufgefangenen Orangensaft und restlichem Zitronensaft ablöschen. Das Fleisch etwas abkühlen lassen, dann mit Joghurt verrühren, salzen und zuckern.

3 Mandelblättchen in einer Pfanne ohne Fett goldbraun rösten. Die Hälfte davon unter die Salatsauce heben. Die Salatsauce mit den Zutaten in einer Schüssel mischen und mit den restlichen Mandeln bestreuen.

Gurkensalat mit Joghurt

Khira Dani Raita

Zubereitungszeit:
15 Minuten

2 mittelgroße Salatgurken
1 reife Tomate
1 grüne Chilischote
200 g Joghurt
100 g Sauerrahm
1 TL gerösteter und gemahlener Kreuzkümmel
1 EL fein gehackte Minzeblätter
1 TL Salz

1 Gurken schälen und der Länge nach halbieren. Die Kerne mit einem Löffel herausschaben. Gurke raspeln oder mit dem Gurkenhobel in dünne Scheiben schneiden.

2 Tomate waschen, vierteln, Stielansatz entfernen und mit einem Löffel das Innere herausnehmen. Den Rest der Tomate klein schneiden und zu den Gurken in eine Salatschüssel geben.

3 Chilischote aufschlitzen und entkernen, in dünne Streifen schneiden und in die Schüssel dazugeben. Joghurt, Sauerrahm, Kreuzkümmel und Minze in einer anderen Schüssel gut vermischen.

4 Vor dem Servieren Salz und Gemüse in die Joghurtmischung rühren. Nach Wunsch noch mit etwas Kreuzkümmel bestreuen.

Tipp

Die Gemüse- und die Joghurtmischung können Sie schon mehrere Stunden im Voraus zubereiten und im Kühlschrank bis zur späteren Verwendung aufbewahren.

Abendgäste und Abendwolken gehen nicht mit leeren Händen fort.

INDISCHES SPRICHWORT

Scharfer Kohlsalat

Tej Gobi Raita

Zubereitungszeit:
20 Minuten

½ Weißkohl
1 rote Paprikaschote
2 rote Chilischoten
1 Zwiebel
Saft von 1 Zitrone
2 TL Honig
2 TL Erdnussöl
1 EL Curryblätter
1 TL Koriandersamen
1 TL Kreuzkümmel

1 Kohl halbieren, den Strunk herausschneiden. Kohl in Streifen schneiden und in kochendem Wasser 3 Minuten blanchieren, mit kaltem Wasser abschrecken. In einem Sieb abtropfen lassen. Paprika halbieren, entkernen, waschen und ebenfalls in feine Streifen schneiden. Chilischoten entkernen und fein hacken, Zwiebel schälen und in hauchdünne Ringe hobeln.

2 Das Gemüse in einer Schüssel mischen. Zitronensaft und Honig verrühren und darüber gießen.

3 Öl in einer Pfanne erhitzen. Curryblätter, Koriandersamen und Kreuzkümmel im Mörser zerstoßen und zum Öl geben, kurz durchziehen lassen. Das aromatisierte Öl über das Gemüse träufeln. Zutaten vermengen.

Limonen-Pickle

Nimboo Achar

Für 8 Portionen

Zubereitungszeit:
10 Minuten

6 Limonen
60 g Salz
4 grüne Chilischoten
1 EL gelbe Senfkörner
1 TL Bockshornkleesamen
Samen von 2 Sternanis
125 g heller Muscovado-Zucker (brauner Rohrzucker)
1 EL gemahlener Ingwer

1 Limonen gründlich waschen und vierteln. Limonenstücke in eine große Schüssel legen. Mit Salz bestreuen und 24 Stunden ziehen lassen. Chilischoten fein hacken.

2 Am nächsten Tag Senfkörner, Bockshornklee, Sternanis und Chilis in einen Topf geben. Bei starker Hitze die Gewürze zugedeckt rösten und dabei den Topf ständig schütteln, bis die Senfkörner zu platzen beginnen. Topf vom Herd nehmen.

3 Die aus den Limonen ausgetretene Flüssigkeit in einen Topf geben. Zucker, Ingwer und 3 – 4 Esslöffel Wasser unterrühren und so lange kochen, bis sich der Zucker aufgelöst hat.

4 Limonen und geröstete Gewürze in zwei saubere Einmachgläser füllen. Zuckerlösung darüber gießen und die Limonen vollständig bedecken. Abkühlen lassen und die Gläser fest verschließen. Vor dem Servieren 4 Wochen kühl und dunkel lagern.

Meine Notizen

Chutneys, Dips und Saucen

Chatni Aur Sauce

Gewürzbeilagen gehören zu jedem indischen Essen. Egal ob Saucen oder Dips, wie erfrischende Joghurt-Raitas oder fruchtig-pikante Chutneys und Relishes: Sie alle werden zu warmen und kalten Speisen gereicht. Vor allem im Norden Indiens werden Gerichte mit Würzsaucen aller Art verfeinert.

Mangosauce

Amkari

Für 4 Gläser

Zubereitungszeit:
30 Minuten

1 Mango
30 g Ingwerwurzel
2 rote Chilischoten
3 Knoblauchzehen
50 g Sultaninen
75 g Vollrohrzucker oder Honig
⅛ l Obstessig
½ TL Salz
1 TL gemahlene Kurkuma

1 Mango schälen, das Fruchtfleisch vom Stein lösen und 250 Gramm abwiegen, in Würfel schneiden. Ingwer schälen und fein raspeln. Chilischoten entkernen und in feine Streifen schneiden. Knoblauchzehen schälen und fein hacken. Sultaninen in heißem Wasser waschen und abtropfen lassen. Alle vorbereiteten Zutaten in einer Schüssel mit dem Rohrzucker oder dem Honig mischen und über Nacht durchziehen lassen.

2 Am nächsten Tag Essig zugeben. Alles unter Rühren etwa 30 Minuten bei schwacher Hitze köcheln lassen. Nach 25 Minuten Salz und Kurkuma untermischen. Noch heiß in Einmachgläser füllen und diese sofort verschließen.

Tipp

Die Sauce kann heiß oder kalt serviert werden. Angebrochene Gläser im Kühlschrank aufbewahren und schnell aufbrauchen.

Frische Korianderpaste

Dhaniabata

Zubereitungszeit:
10 Minuten

1 grüne Peperoni
175 g Tomaten
20 g Ingwerwurzel
2 Bund Koriander
1 TL Zucker
½ TL Salz
3 EL Zitronensaft

1 Peperoni längs aufschneiden, entkernen und grob würfeln. Tomaten waschen und Stielansatz entfernen. Tomaten grob in Stücke schneiden. Ingwer schälen und fein reiben. Koriander waschen, Blätter von den Stängeln zupfen und fein hacken.

2 Alle Zutaten mit Zucker, Salz und Zitronensaft zu einer glatten Paste pürieren. Eventuell nachsalzen.

Tipp

Im Kühlschrank hält sich die Korianderpaste etwa eine Woche. Mit Joghurt verrührt, lässt sich daraus schnell eine Sauce zubereiten.

Erdnusssauce

Badamkari

Erdnüsse aus der Schale brechen, Kerne durch eine Kaffeemühle drehen oder im Mixer zerkleinern. Mit Tomatenketchup, Öl, Zitronensaft und etwas Wasser cremig verrühren, nach Belieben mit Tabasco abschmecken.

Variation

Wer keinen Tabasco mag, kann stattdessen scharfes Chilipulver unterrühren.

Zubereitungszeit:
10 Minuten

125 g Erdnüsse in der Schale

3 EL Tomatenketchup

1–2 EL Öl

3 EL Zitronensaft

Tabasco nach Belieben

Curry-Bananen-Sauce

Kelakari

1 Schalotte abziehen und fein würfeln. Ingwer schälen und fein reiben. Öl in einer Pfanne erhitzen und die Schalotte darin glasig dünsten. Ingwer zugeben. Bananen schälen, klein schneiden und ebenfalls in die Pfanne geben.

2 Zitronenschale in kleine Würfel schneiden. Zitronensaft und Zitronenschale zum Pfanneninhalt dazugeben und die Zutaten unter Rühren einige Minuten erhitzen. Mit Curry und Sojasauce abschmecken. Die Sauce im Mixer pürieren.

Tipp

Die Sauce können Sie heiß oder kalt essen. Heiß schmeckt sie zu Reis, kurz gebratenem Fleisch oder Fisch.

Zubereitungszeit:
15 Minuten

1 Schalotte

1 Stück Ingwerwurzel (2 cm)

etwas Pflanzenöl

2–3 Bananen

Schale und Saft von ½ unbehandelten Zitrone

1 TL indisches Currypulver

etwas Sojasauce

Wenn die Nacht kommt,
werden die Äpfel gezählt.

INDISCHES SPRICHWORT

Minzsauce

Poodina

Zubereitungszeit:
10 Minuten

1 Bund grüne Minze
200 g Joghurt
1 Prise Salz
½ TL gemahlener Kreuzkümmel
¼ TL Chilipulver

1 Minze waschen, Blätter von den Stängeln zupfen und fein hacken. Minze in eine Schüssel geben.

2 Joghurt, Salz, Kreuzkümmel und Chilipulver hinzufügen und alles gut vermischen.

Tipp

Die Minzsauce passt beispielsweise gut zu Pakoras (siehe Seite 58), Samosas (siehe Seite 120) oder Eierbällchen.

Indische Zwiebelsauce

Piadschkari

Zubereitungszeit:
15 Minuten

1 Gemüsezwiebel
1 Knoblauchzehe
1 Banane
2 EL Sesamöl
1 TL geriebene Ingwerwurzel
1 TL Currypulver
je 1 Prise Salz, Zimt, Pfeffer und Cayennepfeffer
¼ l Hühnerbrühe
2 EL Joghurt

1 Gemüsezwiebel und Knoblauch schälen. Zwiebel in Würfel schneiden, Knoblauch durch die Presse drücken. Banane schälen und fein würfeln.

2 Öl in einer Pfanne erhitzen. Zwiebel und Knoblauch darin andünsten. Banane zugeben. Ingwer und Currypulver zufügen. Mit Salz, Zimt, Pfeffer und Cayennepfeffer abschmecken.

3 Die Hühnerbrühe zugießen und alles so lange köcheln lassen, bis die Sauce eingedickt ist. Zum Schluss den Joghurt unterrühren.

Variation

Sie können die Sauce auch vor Zugabe des Joghurts pürieren.

Indische Tomatensauce

Tamatarkari

Zubereitungszeit:
25 Minuten

- **4 Zwiebeln**
- **1–2 Knoblauchzehen**
- **10 Tomaten**
- **1 Stück Ingwerwurzel (5 cm)**
- **6 EL Pflanzenöl**
- **1 gestrichener TL Cayennepfeffer**
- **3 TL gemahlener Kreuzkümmel**
- **2½ TL gemahlener Koriander**
- **1 gestrichener TL gemahlene Kurkuma**
- **8 EL Joghurt**
- **1 Prise Salz**

1 Zwiebeln und Knoblauch schälen und fein hacken. Tomaten kurz in kochendem Wasser blanchieren, mit kaltem Wasser abschrecken und häuten. Tomaten in kleine Stücke schneiden.

2 Ingwer schälen und fein reiben. Ingwer und Knoblauch mit 200 Milliliter Wasser zu einer glatten Paste verrühren.

3 Das Öl in einem Topf erhitzen. Zwiebeln darin unter ständigem Rühren andünsten. Ingwer-Knoblauch-Paste unterrühren und so lange unter Rühren köcheln, bis das Wasser vollständig verdampft ist. Cayennepfeffer, Kreuzkümmel, Koriander und Kurkuma unterrühren.

4 Tomaten in den Topf zugeben und alles bei schwacher Hitze 5 Minuten köcheln lassen, die Tomatenstücke dabei mit einem Holzlöffel zerdrücken. Nach und nach Joghurt unterrühren. Mit Salz abschmecken und zugedeckt bei schwacher Hitze 15–20 Minuten köcheln lassen.

Tipp

Sie können vor dem Servieren die Tomatensauce mit etwas Sahne und Garam Masala verfeinern.

Nehmt nur reine Nahrung zu euch, esst mäßig und in der Gesellschaft guter Menschen.

SATHYA SAI BABA, INDISCHER GURU

Aprikosen-Chutney

Apricot Tschatni

Für 4 Gläser

Zubereitungszeit:
40 Minuten

500 g Aprikosen
250 g Zwiebeln
250 g Rhabarber
50 g Ingwerwurzel
1 unbehandelte Limette
75 g Rosinen
300 ml Obstessig
200 g Zucker
1 TL Senfkörner
1 Prise Cayennepfeffer
1 Döschen Safranpulver
75 g Pecan- oder Walnüsse

1 Aprikosen waschen, entsteinen und grob würfeln. Zwiebeln schälen und in dünne Scheiben hobeln. Rhabarber waschen, die äußeren Fäden abziehen und in 1 Zentimeter breite Stücke schneiden. Ingwer schälen und fein hacken. Von der Limette die Schale abreiben und den Saft auspressen.

2 Alle Zutaten bis auf die Nüsse in einen Topf geben und bei schwacher Hitze in etwa 45 Minuten zu einem weichen Mus kochen. Nüsse grob hacken, zum fertigen Chutney geben.

3 Chutney noch heiß in vorbereitete Einmachgläser füllen und sofort verschließen.

Tipp

Kühl und dunkel gelagert hält das Chutney etwa 9 – 12 Monate.

Indisches Chutney

Bharatiya Tschatni

Für 4 Gläser

Zubereitungszeit:
35 Minuten

1 kg Äpfel
500 g Zwiebeln
8 Knoblauchzehen
1 kg brauner Zucker
50 g Salz, 2½ l Essig
500 g Rosinen
125 g Senfpulver
150 g gemahlener Ingwer
¼ TL Cayennepfeffer

1 Äpfel schälen, vierteln, entkernen und in Scheiben schneiden. Zwiebeln und Knoblauch abziehen und grob hacken.

2 Äpfel, Zwiebeln, Knoblauch, Zucker, Salz und Essig in einen Topf geben und etwa 30 – 45 Minuten köcheln lassen.

3 Chutney durch ein Sieb passieren und in einen sauberen Topf füllen. Rosinen grob hacken. Rosinen, Senf, Ingwer und Cayennepfeffer ins Chutney einrühren. Die Mischung über Nacht in einem warmen Raum ruhen lassen.

4 Die Mischung in Einmachgläser füllen und verschließen.

Korianderpaste

Dhaniabata

1 Korianderblätter waschen und trockentupfen. Koriander fein hacken. Knoblauch abziehen und fein hacken. Chilischoten aufschneiden, entkernen und fein würfeln.

2 Koriander mit den übrigen Zutaten in einem großen Mörser oder mit einem Mixer zu einer feinen Paste verarbeiten.

Tipp

Korianderpaste schmeckt sehr gut zu gebratenen Fleischspeisen.

Zubereitungszeit:
15 Minuten

75 g Korianderblätter
4 Knoblauchzehen
2 grüne Chilischoten
½ TL Salz, ½ TL Zucker
3 EL Zitronensaft
3 EL Kokosraspel

Tomaten-Chutney

Tamatar Tschatni

1 Tomaten kurz in kochendem Wasser blanchieren, mit kaltem Wasser abschrecken. Tomaten häuten, halbieren, entkernen und in Würfel schneiden. Zwiebeln schälen und fein hacken. Tomaten und Zwiebeln in einen großen Topf geben. Knoblauch schälen und fein hacken. Petersilie waschen, Blätter von den Stängeln zupfen und ebenfalls fein hacken.

2 Tomaten, Zwiebeln, Knoblauch und Petersilie mit Essig, Zimtstangen und Salz bei mittlerer Hitze unter Rühren zum Kochen bringen. Zucker, Ingwerpulver, Knoblauch, Nelken, Chilis und Petersilie zugeben und unter ständigem Rühren 5 – 10 Minuten köcheln lassen.

3 Öl erhitzen, Senfkörner einrühren, 1 Minute rösten und zum Chutney geben. Weitere 8 – 10 Minuten köcheln lassen, bis das Chutney anfängt, dick zu werden. Heiß in Gläser füllen, gut verschließen und kühl stellen.

Tipp

Das Chutney ergänzt sehr gut feurige Currys. Es schmeckt auch als würzige Beilage zu gebratenem Fleisch und Fisch.

Für 4 Gläser

Zubereitungszeit:
45 Minuten

700 g Tomaten
6 Zwiebeln
2 Knoblauchzehen
1 Bund glatte Petersilie
½ l Weinessig
2 Zimtstangen
1 EL Salz
500 g Zucker
2 TL gemahlener Ingwer
10 ganze Gewürznelken
2 TL gehackte Chilischoten
¼ l Rapsöl
4 EL Senfkörner

Limetten-Chutney

Nimboo Tschatni

Für 4 Gläser

Zubereitungszeit: **40 Minuten**

12 unbehandelte Limetten
1 Zwiebel
4 grüne Chilischoten
1 Stück Ingwerwurzel (2 cm)
125 g Rosinen
1 EL Koriandersamen
1 TL Pfefferkörner
1 EL Senfsamen
4 getrocknete rote Chilischoten
500 g brauner Zucker
1 Tasse Apfelessig
2 EL Salz

1 Limetten waschen und halbieren. Saft auspressen. Zwiebel schälen und vierteln. Grüne Chilischoten aufschneiden und entkernen. Ingwer schälen und grob hacken. 18 Limettenhälften mit Zwiebel, grünen Chilis, Ingwer und Rosinen in den Aufsatz einer Küchenmaschine geben und fein hacken. Die Mischung in eine Schüssel geben.

2 Rote Chilischoten aufschneiden, entkernen und fein hacken. Koriander, Pfefferkörner, Senfsamen und rote Chilis in eine Pfanne geben. Gewürze bei starker Hitze ohne Öl anrösten, bis sie ein starkes Aroma entwickeln (etwa 3 Minuten). Die Pfanne dabei ständig schütteln. Geröstete Gewürze abkühlen lassen, dann in einer Kaffeemühle fein mahlen.

3 Gemahlene Gewürze, Limettensaft, Zucker und Essig zur Mischung in der Schüssel geben und gut unterrühren. Zugedeckt 2 Tage ruhen lassen.

4 Die Mischung in einen Topf geben, salzen und bei schwacher Hitze zum Kochen bringen. Ohne Deckel 30 Minuten köcheln lassen. Noch heiß in Einmachgläser füllen und diese fest verschließen.

Tipp

Lassen Sie das Chutney vor dem Servieren mindestens 2 Wochen durchziehen. Sein Geschmack wird noch besser, wenn Sie die Gläser erst nach 4 Wochen öffnen. Angebrochenes Chutney im Kühlschrank aufbewahren.

Wer nicht hamstert oder selbst aufisst, was er hat, dessen Wohlgeruch wird die drei Welten durchdringen.

INDISCHES SPRICHWORT

Frisches Minze-Relish

Poodina Raita

1 Minze waschen, Blätter von den Stängeln zupfen und fein hacken. Frühlingszwiebeln putzen, waschen und in feine Scheiben schneiden. Chilischote längs aufschlitzen, entkernen und fein hacken. Knoblauch abziehen und zerdrücken.

2 Minze, Zwiebeln, Chili und Knoblauch mit Zucker, Salz und Zitronensaft verrühren. Zugedeckt mindestens 1 Stunde kühlen.

Tipp

Sie können vor dem Servieren das Relish noch mit Zitronenscheiben und Frühlingszwiebeln garnieren.

Zubereitungszeit:
10 Minuten

30 g Minzeblätter
2 Frühlingszwiebeln
1 grüne Chilischote
1 Knoblauchzehe
1 TL Zucker
½ TL Salz
2 EL Zitronensaft

Erdnusspaste

Badambata

1 Erdnüsse in einer trockenen Pfanne goldgelb rösten. Abkühlen lassen. Anschließend im Mixer (oder im Mörser) zu einer cremigen Paste verarbeiten.

2 Die Erdnusspaste mit Öl und Joghurt verrühren.

3 Zwiebel und Knoblauch schälen, fein hacken und unterrühren. Kreuzkümmel und Koriander zugeben.

4 Masse mit Salz, Pfeffer, Zucker und Cayennepfeffer pikant abschmecken.

Tipp

Mit der Erdnusspaste lassen sich insbesondere Bratgerichte verfeinern.

Zubereitungszeit:
10 Minuten

200 g geschälte Erdnüsse
1 EL Erdnussöl
100 g Joghurt
½ Zwiebel
1 Knoblauchzehe
½ TL gemahlener Kreuzkümmel
1 TL gemahlener Koriander
Salz und Pfeffer
1 Prise Zucker
1 Prise Cayennepfeffer

Frisches Tomaten-Relish

Tamatar-Raita

Zubereitungszeit:
10 Minuten

2 Tomaten
3 Frühlingszwiebeln
1 grüne Chilischote
2 EL gehackte Korianderblätter
1 EL Zitronensaft
1 TL brauner Zucker
Salz und Pfeffer

1 Tomaten waschen, vierteln und Stielansätze entfernen. Tomaten in Würfel schneiden. Frühlingszwiebeln waschen, putzen und in feine Scheiben schneiden. Chilischote längs aufschlitzen, entkernen und fein hacken.

2 Tomaten, Zwiebeln, Chili, Korianderblätter, Zitronensaft und Zucker in einer Schüssel mischen. Mit Salz und Pfeffer abschmecken.

Tipp

Dieses frische Relish schmeckt am besten, wenn Sie es gekühlt servieren.

Linsen-Mango-Raita

Dal-Am-Raita

Zubereitungszeit:
20 Minuten

75 g rote Linsen
350 ml Orangensaft
Salz
200 g Mangofruchtfleisch
5 Korianderstiele
300 g Joghurt
1 EL Senfpulver
1 Prise Cayennepfeffer

1 Linsen kurz kalt abwaschen, in einen Topf geben und mit Orangensaft und Salz 15 Minuten köcheln lassen. Linsen abschütten und in einem Sieb abtropfen lassen.

2 Mango schälen, Fruchtfleisch vom Stein schneiden und fein würfeln. Koriandergrün waschen, Blätter von den Stängeln zupfen und bis auf einige Blättchen fein hacken.

3 Joghurt, Senfpulver, Salz und etwas Cayennepfeffer in einer Schüssel glatt verrühren. Linsen und Mango bis auf jeweils 1 Esslöffel mit dem Koriandergrün unter den Joghurt mischen. Mit den restlichen Linsen, Mango und Koriandergrün garnieren.

Gedenke dessen, der dir zum ersten Mal Salz gezeigt hat.

Indisches Sprichwort

Meine Notizen

Gemüse

Sabji

In Indien ist frisches Gemüse Hauptbestandteil einer Mahlzeit. Selbst aus dem einfachsten »Grünzeug« zaubert man kulinarische Gaumenfreuden. Köche können dabei auf einen einzigartigen Erfahrungsschatz zurückgreifen: die jahrhundertealte Tradition der vegetarischen Küche, die auf die vorherrschende hinduistische Religion mit ihrer Verehrung aller Lebewesen zurückzuführen ist.

Bhaji mit Gemüse

Pakora

Für 4 – 6 Portionen

Zubereitungszeit:
40 Minuten

1 Blumenkohl
125 g grüne Bohnen
2 Kartoffeln
1 Zwiebel
2 Knoblauchzehen
1 Stück Ingwerwurzel (5 cm)
4 EL Butter oder Pflanzenöl
1 TL Kreuzkümmelsamen
2 EL mittelscharfe Currypaste
425 g Tomaten (aus der Dose)
4 EL Joghurt
einige gehackte Korianderblätter

1 Blumenkohl abbrausen und in Röschen teilen. Bohnen putzen und in 5 – 6 Zentimeter lange Stücke schneiden. Kartoffeln waschen, schälen und in kleine Stücke schneiden.

2 Blumenkohl, Bohnen und Kartoffel in einen Topf geben und 5 Minuten in kochendem Salzwasser garen. Abschütten und in einem Sieb abtropfen lassen. Gemüse wieder in den Topf geben und bei schwacher Hitze kurz trockenschwenken.

3 Zwiebel und Knoblauch schälen und fein hacken. Ingwer schälen und reiben. Butter oder Öl in einer großen Pfanne erhitzen. Zwiebel, Knoblauch, Ingwer und Kreuzkümmelsamen bei mittlerer Hitze unter Rühren anbraten.

4 Tomaten aus der Dose in einem Sieb abschütten, gegebenenfalls Stielansätze entfernen. Currypaste, Tomaten aus der Dose und 150 Milliliter Wasser zugeben und aufkochen. Tomaten mit einem Holzlöffel etwas zerkleinern. Bei schwacher Hitze 5 Minuten köcheln lassen.

5 Das vorgekochte Gemüse zugeben und alles zugedeckt weitere 5 – 8 Minuten köcheln lassen. Joghurt im Becher umrühren und auf die Gemüsemischung geben. Mit Koriander garnieren und heiß servieren. Dazu schmeckt Basmatireis.

Wie die Nahrung, so der Kopf. Des Menschen Gedanken, Begierden und Streben sind mit der Nahrung verbunden.

SATHYA SAI BABA, INDISCHER GURU

Auberginen in Kokosmilch

Baigan Nariyelkari

Zubereitungszeit:
45 Minuten

2 Auberginen

1 TL gemahlene Kurkuma

etwas Salz

7 EL Pflanzenöl

1 Zwiebel

1 Knoblauchzehe

2 grüne Chilischoten

2 EL Butterschmalz

1 TL geriebene Ingwerwurzel

2 Tassen Kokosmilch

1 unbehandelte Zitrone

1 Auberginen waschen, trockentupfen und die Enden abschneiden. Auberginen in ½ Zentimeter dicke Scheiben schneiden. Auberginenscheiben auf einen flachen Teller legen und auf beiden Seiten mit Kurkuma und Salz einreiben.

2 Öl in einer großen Pfanne erhitzen und die Auberginenscheiben auf beiden Seiten darin anbraten, aber nicht braun werden lassen, dann auf Küchenpapier abtropfen lassen. Zwiebel schälen und sehr fein hacken. Knoblauch schälen und durch die Knoblauchpresse drücken. Chilischoten längs halbieren und von Kernen befreien.

3 Butterschmalz in einem breiten Topf bei mittlerer Hitze erhitzen und Zwiebel und Knoblauch darin hellgelb braten. Ingwer und Chilischoten einrühren und kurz mitbraten lassen, dabei umrühren. Kokosnussmilch zugeben, umrühren und die Sauce fast bis zum Siedepunkt erhitzen.

4 Die abgetropften Auberginenscheiben vorsichtig in die Sauce legen und bei schwacher Hitze köcheln lassen, bis die Sauce eindickt. In der Zwischenzeit die Zitrone waschen, trockentupfen, in feine Scheiben schneiden und auf einem Teller anrichten. Den Topf vom Herd nehmen, das Gericht abschmecken und vorsichtig in eine vorgewärmte Schüssel gießen. Die Zitronenscheiben separat dazu reichen.

Tipp

Baigan Nariyelkari passt gut zu Fleisch, Fisch und vegetarischen Menüs.

Erbsen mit Paneerwürfeln

Muttar Paneer

Zubereitungszeit:
60 Minuten

2½ l Milch
2 EL Zitronensaft
1 Knoblauchzehe
1 EL gehackte Korianderblätter
150 ml Pflanzenöl
2 Zwiebeln
2 Knoblauchzehen
1 Stück Ingwerwurzel (2½ cm)
1 TL Garam Masala
1 TL gemahlene Kurkuma
1 TL Chilipulver
250 g Tomaten (aus der Dose)
500 g Erbsen (tiefgekühlt)
⅛ l Gemüsebrühe
Salz und Pfeffer
2 EL gehackte Korianderblätter

1 Für den Paneer Milch in einem großen Topf aufkochen, Topf vom Herd nehmen und Zitronensaft unterrühren. Wieder auf den Herd stellen, bis Dickmilch und Molke sich trennen. Topf wieder vom Herd nehmen. Ein Sieb mit einer doppelten Lage Stoff auslegen. Vorsichtig den Inhalt des Topfes hineinschütten und die Mischung filtern. Knoblauch schälen und dazupressen. Koriander unterrühren. Das Tuch hochnehmen, die ganze Flüssigkeit aus der Dickmilch drücken und abtropfen lassen.

2 Paneer in eine Schüssel geben. Mit einem Teller abdecken, diesen beschweren und über Nacht kühl stellen. Am nächsten Tag den Paneer in kleine Würfel schneiden.

3 Öl in einer Pfanne erhitzen. Die Paneerwürfel darin von allen Seiten goldgelb braten. Aus der Pfanne nehmen und auf Küchenpapier abtropfen lassen.

4 Bis auf 4 Esslöffel das Öl aus der Pfanne gießen. Zwiebeln und Knoblauch schälen und fein hacken. Ingwer schälen und ebenfalls fein hacken. Zwiebeln, Knoblauch und Ingwer in die Pfanne geben und unter Rühren 5 Minuten braten. Garam Masala, Kurkuma und Chilipulver unterrühren und bei schwacher Hitze 2 Minuten mitdünsten.

5 Tomaten abschütten, Stielansatz entfernen und klein schneiden. Tomaten und Erbsen in die Pfanne geben, Brühe zugießen und mit Salz und Pfeffer würzen. Zugedeckt etwa 10 Minuten köcheln lassen.

6 Die gebratenen Paneerwürfel in die Pfanne geben und weitere 5 Minuten erhitzen. Gegebenenfalls nachwürzen. Vor dem Servieren mit Koriander bestreuen.

Einen kochenden Topf kannst du zum Stillstand bringen, aber nicht den Mund des Dorfes.

INDISCHES SPRICHWORT

Bohnen-Curry

Chanakari

Zubereitungszeit:
30 Minuten

500 g grüne Bohnen
1 große Zwiebel
2 Kartoffeln
2 Tomaten
2 EL Butter
¼ TL geriebene Ingwerwurzel
1 TL gemahlene Kurkuma
etwas Salz
1 EL Zitronensaft
2 TL Currypulver

1 Bohnen putzen, waschen und in 2–3 Zentimeter lange Stücke schneiden. Zwiebel schälen und grob hacken. Kartoffeln waschen, schälen und in Scheiben schneiden. Tomaten waschen, halbieren, Stielansatz entfernen und in Stücke schneiden.

2 Butter in einer Pfanne erhitzen. Zwiebel mit dem Ingwer darin goldbraun andünsten, Kurkuma und Salz zugeben und 2–3 Minuten mitbraten. Tomaten unterrühren und alles so lange köcheln lassen, bis die gesamte Flüssigkeit verdampft ist.

3 Bohnen und Kartoffeln zugeben und zugedeckt so lange garen, bis die Zutaten weich sind (etwa 20 Minuten). 5 Minuten vor Ende der Kochzeit Zitronensaft und das Currypulver unterrühren.

Tipp

Reichen Sie dazu ein Tomaten-Chutney oder ein Tomaten-Relish.

Cashew-Gemüse

Kaju Sabji

Zubereitungszeit:
30 Minuten

1 Zwiebel
1 grüne Paprikaschote
2 kleine Zucchini
1 Stange Porree
2 EL Butter
150 g Cashewkerne
1 TL zerstoßener Kreuzkümmel
Salz

1 Zwiebel schälen und fein hacken. Paprika entstielen, entkernen, abbrausen und in dünne Streifen schneiden. Von den Zucchini die Enden abschneiden, Zucchini waschen und in Scheiben schneiden. Porree putzen, waschen und in Scheiben schneiden.

2 Butter oder Öl in einer Pfanne erhitzen. Zwiebel, Paprika und Porree darin andünsten. Zugedeckt bei mittlerer Hitze 3–5 Minuten schmoren. Zucchini und Cashewkerne unterrühren.

3 Mit Kreuzkümmel und Salz abschmecken und weitere 5 Minuten schmoren.

Kaschmiri-Spinat

Kashmiri Saag

Zubereitungszeit:
20 Minuten

500 g frischer Blattspinat
2 EL Senföl
¼ TL Garam Masala
1 TL gelbe Senfkörner
2 Frühlingszwiebeln

1 Die harten Stängel von den Spinatblättern entfernen. Spinat waschen und in einem Sieb abtropfen lassen.

2 Senföl im Wok oder in einer großen Pfanne erhitzen. Garam Masala und Senfkörner zugeben. Pfanne mit dem Deckel verschließen, weil die Senfkörner beim Erhitzen platzen. Frühlingszwiebeln putzen, waschen und klein schneiden.

3 Sind die Senfkörner alle aufgeplatzt, Frühlingszwiebeln in die Pfanne geben und den Spinat unterrühren. Spinat bei mittlerer Hitze so lange köcheln lassen, bis die gesamte Flüssigkeit verdampft ist. Spinat und Frühlingszwiebeln aus der Pfanne nehmen, überschüssige Flüssigkeit abtropfen lassen. Heiß servieren. Passt zu jedem Curry.

Auberginen-Curry

Baigankari

Zubereitungszeit:
30 Minuten

500 g Auberginen
1 EL Salz
2 Zwiebeln, 5 EL Öl
1 TL gemahlener Koriander
2 EL Tomatenmark
100 g Rosinen
1 TL Zitronenschale
1 TL Mohn
100 g Sonnenblumenkerne
1 TL Madras-Currypulver
1 TL gekörnte Gemüsebrühe
150 g Joghurt

1 Auberginen waschen und halbieren. Auberginen mit Salz bestreuen und etwa 30 Minuten Saft ziehen lassen.

2 Auberginenhälften gut unter fließendem kaltem Wasser abspülen, trockentupfen und in Würfel schneiden. Zwiebeln schälen und fein hacken.

3 Öl in einer großen Pfanne erhitzen. Zuerst die Zwiebeln, dann die Auberginen zugeben. Kurz anbraten. Mit etwas Wasser ablöschen und etwa 10 Minuten köcheln lassen.

4 Restliche Zutaten (außer dem Joghurt) unterrühren. Noch einmal 5–10 Minuten köcheln lassen. Vor dem Servieren den Joghurt unterziehen.

Kohl-Kartoffel-Gemüse

Bandgobhi Alu Sabji

1 Kohl putzen, halbieren, den Strunk herausschneiden, klein schneiden und abbrausen. Kartoffeln waschen, schälen und in Würfel schneiden. Tomaten waschen, Stielansatz entfernen und vierteln.

2 Nelken, Kardamomsamen und Zimt fein mahlen. 3 Esslöffel Öl in einer Pfanne erhitzen und Kartoffelwürfel darin leicht anbraten. Pfanne beiseite stellen.

3 In einer anderen Pfanne 1 Esslöffel Öl erhitzen und Ingwer darin andünsten. Cayennepfeffer und Kurkuma einrühren. Kohl zugeben und mehrere Minuten mit den Gewürzen verrühren. Tomaten, Kartoffeln, Salz, Zucker und etwas Wasser unterrühren und alles bei schwacher Hitze etwa 30 Minuten schmoren. Vor dem Servieren die gemahlenen Gewürze darüber streuen.

Tipp

Bandgobhi Alu Sabij ist ein herrliches Wintergemüse mit wärmenden Gewürzen.

Zubereitungszeit:
45 Minuten

450 g Weißkohl
4 Kartoffeln
4 Tomaten
3 Gewürznelken
3 Kardamomkapseln
1 Zimtstange
4 EL Pflanzenöl
1 EL geriebene Ingwerwurzel
½ TL Cayennepfeffer
1 TL gemahlene Kurkuma
1 ½ TL Salz
½ TL Zucker

Ich bin einer von jenen, die überzeugt sind, dass die gesündeste und naturgemäßeste Nahrung für den Menschen Gemüse, Früchte und Milchprodukte bleiben und dass die vegetarische Kost ein einfaches Leben und hohes Denken gewährleistet.

Giri Vekanta (1894–1980), Indischer Staatspräsident

Blumenkohl indisch

Bharatiya Gobi

Zubereitungszeit:
35 Minuten

4 Tomaten
1 Zwiebel
2 Knoblauchzehen
1 Stück geriebene Ingwerwurzel (2 cm)
1 EL Butter
1 TL Garam Masala
¼ TL Chilipulver
175 g Erbsen
Salz
1 Blumenkohl
1 TL gemahlene Kurkuma

1 Tomaten kurz in kochendem Wasser blanchieren, mit kaltem Wasser abschrecken und häuten. Tomaten klein schneiden. Zwiebel schälen und fein hacken. Knoblauch abziehen und durch eine Presse drücken. Tomaten, Zwiebel, Ingwer und Knoblauch zu einer feinen Paste verarbeiten.

2 Butter in einer Pfanne zerlassen. Tomatenmischung mit Garam Masala und Chili unter ständigem Rühren etwas anbraten. Erbsen zugeben und 5 Minuten mitdünsten. Mit Salz würzen.

3 Den ganzen Blumenkohl abbrausen und einige Minuten in kochendem Wasser blanchieren. Anschließend in eine Auflaufform mit Deckel setzen. Den Blumenkohl mit Kurkuma bestreuen und zugedeckt im Backofen bei 180 °C in etwa 30 Minuten fertig garen.

4 Über den fertigen Blumenkohl die Tomaten-Erbsen-Mischung aus der Pfanne geben. Mit etwas Garam Masala bestreuen.

Variation

Das Rezept schmeckt genauso gut, wenn Sie den Blumenkohl durch Brokkoli ersetzen.

Wer den Preis des Korns
nicht kennt,
kennt keine Sorgen.

INDISCHES SPRICHWORT

Gebratenes Gemüse

Sabji Tarkari

Zubereitungszeit:
40 Minuten

3 Möhren
250 g grüne Bohnen
¼ Blumenkohl
½ Weißkohl
2 Knoblauchzehen
2 EL Öl
½ TL schwarze Senfsamen
8 Curryblätter
2 TL geriebene Ingwerwurzel
1 TL gemahlene Kurkuma
¼ TL Chilipulver, 1 TL Salz

1 Möhren waschen, schälen und in dünne Streifen schneiden. Bohnen waschen, putzen und in kleine Stücke schneiden. Blumenkohl in Röschen teilen, abbrausen. Strunk aus halbem Kohlkopf herausschneiden und Kohl klein schneiden, abbrausen. Knoblauch abziehen und fein hacken.

2 In einem großen Topf Öl erhitzen. Senfsamen und Curryblätter mit geschlossenem Deckel darin anrösten, bis alle Senfkörner aufgeplatzt sind. Knoblauch, Ingwer, Kurkuma und Chili 1–2 Minuten unterrühren, dann Möhren, Bohnen und Blumenkohl zugeben. Bei mittlerer Hitze rühren, bis das Gemüse halb gar ist, dann den Kohl zugeben und unter Rühren weitere 5 Minuten köcheln lassen. Mit Salz abschmecken. 3–4 Minuten weitergaren, heiß servieren.

Champignon-Pilaw

Mushroom Pilaw

Zubereitungszeit:
20 Minuten

200 g Champignons
1 Zwiebel
2 EL Öl
2 Lorbeerblätter
1 Zimtstange
4 Kardamomkapseln
325 g Basmatireis
1 TL Salz

1 Champignons putzen und in Scheiben schneiden. Zwiebel schälen und fein hacken. Öl in einem großen Topf erhitzen. Lorbeerblätter, Zimt und Kardamom hinzugeben und kurz erhitzen. Zwiebel zugeben und weich dünsten.

2 Champignons in den Topf geben und etwa 5 Minuten dünsten, bis die ganze Flüssigkeit eingekocht ist. Reis und Salz zugeben und 2–3 Minuten einrühren. Mit 800 Milliliter Wasser aufgießen und zum Kochen bringen. Zugedeckt etwa 20 Minuten bei schwacher Hitze garen, bis das ganze Wasser eingekocht ist.

3 Den Pilaw mit einer Gabel auflockern und heiß servieren.

Kürbis mit Gewürzen

Masala Kaddu

Zubereitungszeit:
20 Minuten

2 getrocknete rote Chilischoten

1 Zwiebel

2 EL Öl

½ TL Zwiebelsamen (Kalonji) oder Senfkörner

450 g vorbereitetes gewürfeltes Kürbisfleisch

½ TL gemahlene Kurkuma

½ TL Chilipulver

½ TL Salz

1 Chilischoten fein hacken. Zwiebel schälen und in dünne Scheiben schneiden. Öl in einem Wok oder einem Topf erhitzen. Zwiebelsamen oder Senfkörner und rote Chilis darin kurz erhitzen. Zwiebel zugeben und goldgelb braten.

2 Kürbiswürfel, Kurkuma, Chilipulver und Salz hinzugeben und alles 2 – 3 Minuten unter Rühren braten. Zugedeckt bei mittlerer Hitze etwa 15 – 20 Minuten garen.

Tipp

Zusätzlich zum Kürbis können Sie einige geschälte und in Scheiben geschnittene Kartoffeln untermengen. Dazu schmeckt Basmatireis und ein Möhrensalat.

Kohl mit Kokos

Gobi Nariyelkari

Zubereitungszeit:
20 Minuten

700 g Weißkohl

2 grüne Chilischoten

2 EL Pflanzenöl

2 Lorbeerblätter

1 gestrichener TL Kreuzkümmelsamen

1 gestrichener TL Salz

¼ TL Zucker

3 EL Kokosraspel

¼ TL gemahlener Kreuzkümmel

1 Weißkohl halbieren, Strunk herausschneiden. Kohl in Streifen schneiden, 700 Gramm abwiegen, abbrausen und in einem Sieb abtropfen lassen. Chilischoten aufschneiden, entkernen und klein schneiden.

2 Öl in einem Wok oder einer großen Pfanne erhitzen. Lorbeerblätter, Kreuzkümmelsamen und Chilis hineingeben und ein paar Sekunden erhitzen. Kohl, Salz und Zucker hinzufügen und alles vermischen. Zugedeckt 15 Minuten bei mittlerer Hitze köcheln lassen.

3 Kokosraspel und gemahlenen Kreuzkümmel in den Kohl einrühren. Weitere 10 – 15 Minuten unter Rühren braten, bis die Flüssigkeit vollständig verdampft ist.

Tipp

Schmeckt sehr gut zu Lammfleisch.

Okra mit Tomaten, Zwiebeln und Gewürzen

Masala Bhindi

Zubereitungszeit:
45 Minuten

- **500 g frische Okra (oder aus der Dose)**
- **3 Zwiebeln**
- **2 Knoblauchzehen**
- **2 Tomaten**
- **4 EL Pflanzenöl**
- **2 EL geriebene Ingwerwurzel**
- **2 TL gemahlener Kreuzkümmel**
- **2 TL gemahlener Koriander**
- **½ TL gemahlene Fenchelsamen**
- **½ TL Cayennepfeffer**
- **¼ TL gemahlene Kurkuma**
- **1½ TL Meersalz**
- **3 EL gehackte Korianderblätter**

1 Okra waschen, die Enden abschneiden. Zwiebeln und Knoblauch schälen und fein hacken. Tomaten kurz in kochendem Wasser blanchieren, mit kaltem Wasser abschrecken und enthäuten. Tomaten in Stücke schneiden.

2 Die Hälfte des Öls in einer großen Pfanne erhitzen. Okra auf dem Pfannenboden verteilen und ohne Rühren 1 Minute anbraten. 3–4 Minuten unter Rühren weiterbraten. Okra aus der Pfanne nehmen und beiseite stellen. Dosenokra im Sieb abtropfen lassen.

3 Restliches Öl in die Pfanne geben. Zwiebeln zugeben und 3 Minuten anbraten. Knoblauch und Ingwer unterrühren und weitere 8–10 Minuten unter Rühren weiterdünsten.

4 Kreuzkümmel, Koriander, Fenchel, Cayennepfeffer und Kurkuma unterrühren, dann Tomaten hinzufügen. Die Mischung unter Rühren in 3–5 Minuten eindicken. Geröstete Okra, Salz und 50–100 Milliliter heißes Wasser zugeben. Gut vermischen und kochen lassen, bis die Okra gar sind (etwa 20 Minuten) und die Sauce eingedickt ist. Einen Teil der gehackten frischen Korianderblätter einrühren, den Rest zur Garnierung darüber streuen. Dazu passen Reis und Linsenpüree.

Variation

Wenn Sie keine Okra bekommen, können Sie stattdessen Auberginen verwenden.

Nicht die Steine sind es, die ein Haus bauen, es sind die Gäste.

INDISCHES SPRICHWORT

Nepalesisches Gemüse-Curry

Nepali Sabjikari

Zubereitungszeit: **20 Minuten**

3 Zwiebeln
3 Knoblauchzehen
1 EL Erdnussöl
1 TL gemahlener Koriander
1 TL gemahlene Kurkuma
½ TL gemahlener Kreuzkümmel
¼ TL zerstoßene Senfkörner
1 Prise Cayennepfeffer
400 g Kartoffeln
300 g Brokkoli oder Blumenkohl
2 Tomaten
je 1 Prise Salz und Pfeffer
1 TL Currypulver

1 Zwiebeln und Knoblauch schälen und fein hacken. Öl in einem Topf erhitzen und Zwiebeln und Knoblauch darin andünsten.

2 Das Ganze mit Koriander, Kurkuma, Kreuzkümmel, Senfkörnern und Cayennepfeffer würzen und abschmecken.

3 Kartoffeln waschen, schälen und würfeln. Brokkoli oder Blumenkohl abbrausen und in Röschen teilen. Tomaten waschen und Stielansatz entfernen, Tomaten in Stücke schneiden.

4 Kartoffeln zu den Zwiebeln in den Topf geben und zugedeckt bei mittlerer Hitze etwa 20 Minuten schmoren.

5 Salz, Pfeffer, Curry und Tomaten unterrühren und weitere 5 Minuten köcheln lassen.

Tipp

Zu Nepali Sabijkari schmeckt am besten Basmatireis.

*Wer sich falsch ernährt,
dem hilft keine Medizin.
Und wer sich gesund ernährt,
für den wird sie überflüssig.*

CARAKA-SAMHITA (AYURVEDA-LEHRBUCH)

Blumenkohl-Spinat-Bhaji

Gobi Saag Bhaji

1 Blumenkohl in kleine Röschen teilen und abbrausen. Die Stängel von den Spinatblättern entfernen, Spinat waschen und abtropfen lassen. Zwiebeln und Knoblauch schälen und fein hacken.

2 Öl in einem großen Topf erhitzen. Zwiebeln und Blumenkohl zugeben und das Gemüse bei schwacher Hitze etwa 5 Minuten unter Rühren dünsten.

3 Knoblauch, Ingwer und Gewürze unterrühren und 2 Minuten bei schwacher Hitze mitdünsten. Tomaten unterrühren und Gemüsebrühe zugießen. Mit Salz und Pfeffer abschmecken. Aufkochen und bei schwacher Hitze 10 Minuten köcheln lassen.

4 Spinat in den Topf geben, umrühren und wenden, bis die Blätter schlaff werden. Zugedeckt unter häufigem Rühren 8–10 Minuten köcheln lassen, bis das Gemüse gar ist. Heiß servieren.

Tipp

Dieses köstliche Gemüsegericht ist schnell zubereitet und passt zu vielen indischen Fleisch- und Fischgerichten.

Zubereitungszeit:
25 Minuten

1 Blumenkohl

500 g frischer Spinat

2 große Zwiebeln

2 Knoblauchzehen

425 g Tomaten (aus der Dose)

4 EL Öl

1 EL fein gehackte Ingwerwurzel

1 TL Cayennepfeffer

1 TL gemahlener Kreuzkümmel

1 TL gemahlene Kurkuma

2 TL gemahlener Koriander

300 ml Gemüsebrühe

Salz und Pfeffer

Gemüsekrapfen

Pakoras

Für 4 – 6 Portionen

Zubereitungszeit:
30 Minuten

250 g Brokkoli
2 Zwiebeln
4 Kartoffeln
350 g Besan
2 TL Garam Masala
2½ TL Salz
1 TL Cayennepfeffer
2 TL Kreuzkümmelsamen
Pflanzenöl zum Frittieren

1 Brokkoli abbrausen und in kleine Röschen teilen. Die Stiele entfernen. Die Brokkoliröschen kurz in kochendem Salzwasser blanchieren, in einem Sieb abtropfen lassen.

2 Zwiebeln schälen und in feine Ringe teilen. Kartoffeln waschen, schälen und in dünne Scheiben schneiden. Kartoffelscheiben mit Küchenpapier trockentupfen.

3 Besan, Garam Masala, Salz, Cayennepfeffer und Kreuzkümmelsamen in eine Schüssel geben. 400 Milliliter Wasser zugeben und die Zutaten zu einem glatten Teig verarbeiten.

4 In einem großen Topf das Öl erhitzen. Das Gemüse in den Teig tauchen und portionsweise in 3 – 4 Minuten goldbraun frittieren. Herausnehmen und auf Küchenpapier abtropfen lassen.

Variation

Sie können den Teig für die frittierten Gemüsehäppchen auch aus Kichererbsenmehl zubereiten.
Köstlich schmecken Pakoras auch mit Blumenkohl oder Zwiebeln.

Über das Essen gelangen so viele Stoffe in deinen Körper, dass es mich wundert, dass sich unzählige Menschen derart wenig um das kümmern, was sie essen.

SATHYA SAI BABA, INDISCHER GURU

Würzige Kartoffeln

Masala Alu

Zubereitungszeit:
35 Minuten

- **750 g Kartoffeln**
- **1 große Zwiebel**
- **2 – 3 Knoblauchzehen**
- **1 Stück Ingwerwurzel (5 cm)**
- **60 g Butter**
- **2 EL Pflanzenöl**
- **1 TL gemahlene Kurkuma**
- **1½ TL Kreuzkümmelsamen**
- **¼ TL Cayennepfeffer**
- **Salz**
- **2 TL Zitronensaft**
- **1 EL gehackte Minzeblätter**
- **einige ganze Minzeblätter**

1 Kartoffeln waschen, schälen und in 2 – 3 Zentimeter große Würfel schneiden. Kartoffeln 6 – 8 Minuten in kochendem Salzwasser garen. Kartoffeln in ein Sieb schütten, kurz abtropfen lassen und wieder in den Topf geben. Kurz trockenschwenken.

2 Zwiebel schälen und in Scheiben schneiden. Knoblauch abziehen und durch eine Presse drücken. Ingwer schälen und reiben.

3 Butter und Öl bei mittlerer Hitze in einer großen Pfanne erhitzen. Kurkuma einrühren, dann Zwiebel und Kartoffeln zugeben und 4 – 5 Minuten braten. Ab und zu umrühren.

4 Knoblauch, Ingwer, Kreuzkümmelsamen und Cayennepfeffer unterrühren und mit Salz abschmecken. 1 – 2 Minuten weiterbraten.

5 Kartoffeln in eine Schüssel geben. Zitronensaft in die Pfanne rühren und dann über die Kartoffeln träufeln. Mit Minze garnieren.

Gemüse-Korma

Sabji Korma

Für 4–6 Portionen

Zubereitungszeit:
20 Minuten

1 Zwiebel
300 g Blumenkohl
300 g Kürbis
3 dünne Auberginen
2 Möhren
3 Tomaten
2 EL Öl
125 g grüne Bohnen
2 EL grüne Masala-Paste
1 TL Chilipulver
1 EL geriebene Ingwerwurzel
375 ml Gemüsebrühe

1 Zwiebel schälen und fein hacken. Gemüse waschen und putzen. Blumenkohl in Röschen teilen, Kürbis in große Stücke schneiden, Auberginen in Scheiben schneiden, Möhren schälen und in große Stücke schneiden.

2 Tomaten kurz in kochendem Wasser blanchieren, mit kaltem Wasser abschrecken und häuten. Tomaten halbieren, entkernen und klein schneiden. Bohnen in kleine Stücke schneiden.

3 Öl in einem Topf erhitzen. Masala-Paste einrühren und bei mittlerer Hitze 2 Minuten dünsten, bis das Öl anfängt, sich von der Paste zu trennen. Chilipulver, Ingwer und Zwiebel zugeben und 3 Minuten mitdünsten.

4 Blumenkohl, Kürbis, Aubergine und Möhren zugeben und so lange rühren, bis das Gemüse mit der Gewürzpaste überzogen ist. Dann Tomaten und Brühe zugeben und aufkochen lassen. Bei mittlerer Hitze 30 Minuten offen köcheln lassen.

5 Bohnen unterrühren und etwa 10 Minuten mitköcheln lassen, bis das Gemüse zart ist.

Bedenke stets:
Du wirst, was du isst.

SATHYA SAI BABA, INDISCHER GURU

Meine Notizen

Reis und Hülsen-früchte

Chawal Aur Matar

Seit Tausenden von Jahren ist Reis Hauptbestandteil der indischen Küche.

Eine Schale lockerer Reis, mit milden Gewürzen verfeinert, gehört zu jeder Mahlzeit.

Wichtigste Eiweißquelle der vegetarisch lebenden Hindus sind Hülsenfrüchte.

So ergänzen zum Beispiel Linseneintöpfe den Speiseplan.

Indischer Gewürzreis

Bharatiya Masala Chawal

Zubereitungszeit:
10 Minuten

300 g Basmatireis
3 EL Pflanzenöl
4 Gewürznelken
6 Kardamomkapseln
1 TL gemahlene Kurkuma

1 Reis in ein Sieb geben und unter fließend kaltem Wasser so lange waschen, bis das Wasser klar bleibt. Reis in eine Schüssel geben, mit Wasser bedecken und 30 Minuten einweichen, dann abschütten.

2 Öl in einem Topf erhitzen und bei mittlerer Hitze Nelken, Kardamom und Kurkuma anbraten. Den Reis unterrühren. 350 Milliliter Wasser über den Reis gießen, aufkochen und den Reis zugedeckt bei schwacher Hitze 10–15 Minuten köcheln lassen.

Tipp

Nehmen Sie vor dem Servieren die Nelken und die Kardamomkapseln aus dem Topf.

Reis mit Mandeln und Rosinen

Badam Kismis Chawal

Für 4–6 Portionen

Zubereitungszeit:
10 Minuten

1 Zwiebel
1 Knoblauchzehe
500 g Basmatireis
5 EL Öl
10 Gewürznelken
1 Zimtstange
10 Kardamomkapseln
1 TL Salz
100 g Rosinen
50 g abgezogene Mandeln

1 Zwiebel und Knoblauch abziehen und fein hacken. Reis in ein Sieb geben und unter fließend kaltem Wasser so lange waschen, bis das Wasser klar bleibt. Reis in eine Schüssel geben, mit Wasser bedecken und 30 Minuten einweichen, dann abschütten.

2 Öl in einem großen Topf erhitzen. Zwiebel und Knoblauch darin andünsten. Nelken, Zimt und Kardamom unterrühren. Reis in den Topf dazugeben, einrühren und kurz andünsten.

3 Salz und 1 Liter Wasser zugeben und den Reis 10–15 Minuten bei schwacher Hitze köcheln lassen. Am Ende der Kochzeit Rosinen und Mandeln unterrühren.

Tipp

Reis mit Mandeln und Rosinen passt zu allen indischen Fleisch- oder Gemüsegerichten und wird besonders von Kindern gern gegessen.

Kokos-Pistazien-Reis

Nariyel Pista Chawal

Zubereitungszeit:
10 Minuten

- **350 g Basmati**
- **200 g Zucker**
- **½ TL gemahlener Kardamom**
- **150 g Kokosraspel**
- **50 g geröstete, fein gehackte Pistazien**
- **50 g Rosinen**
- **1 TL Butter**

1 Reis in ein Sieb geben und unter fließend kaltem Wasser so lange waschen, bis das Wasser klar bleibt. Reis in eine Schüssel geben, mit Wasser bedecken und 30 Minuten einweichen, dann abschütten.

2 In einem großen Topf 825 Milliliter Wasser, Zucker und Kardamom aufkochen. Reis in das gezuckerte Wasser einrühren und erneut aufkochen lassen. Den Reis zugedeckt bei schwacher Hitze 10 – 15 Minuten garen.

3 Kokosraspel, Pistazien, Rosinen und Butter unterrühren. Zugedeckt bei schwacher Hitze weitere 5 – 10 Minuten köcheln lassen. Deckel abnehmen und den Reis 2 – 3 Minuten offen köcheln, damit auch die restliche Flüssigkeit verdampft.

Variation

Nariyel Pista Chawal schmeckt auch gut mit Cashewkernen statt Pistazien.

Der Mann ist wie eine Ähre, die Frau wie ein Reisgefäß oder Kornbehälter.

INDISCHES SPRICHWORT

Scharfer Reis mit Nüssen

Tej Badam Chawal

Zubereitungszeit:
15 Minuten

300 g Basmatireis
2 Kardamomkapseln
1 gestrichener TL Kümmel
½ TL Koriandersamen
1 kleine Zwiebel
25 g ungesalzene Cashewnüsse
25 g ungesalzene Pistazien
25 g Pinienkerne
1 EL Öl
1 Zimtstange
1 Lorbeerblatt
1 TL Salz

1 Reis in ein Sieb geben und unter fließend kaltem Wasser so lange waschen, bis das Wasser klar bleibt. Reis in eine Schüssel geben, mit Wasser bedecken und 30 Minuten einweichen, dann abschütten.

2 Kardamomkapseln, Kümmel und Koriander im Mörser zerstoßen. Eine Pfanne ohne Öl erhitzen und die Gewürze darin 1 Minute rösten. Zwiebel schälen und fein hacken.

3 Öl, Zwiebel, Nüsse, Pistazien und Pinienkerne unterrühren und so lange rösten, bis eine leicht braune Farbe auf den Nüssen entsteht. Den Reis in die Pfanne geben und so lange rühren, bis alles mit dem Öl benetzt ist. 600 Milliliter Wasser zugießen, Zimtstange, Lorbeerblatt und Salz zugeben.

4 Alles aufkochen und zugedeckt bei schwacher Hitze 15 Minuten köcheln lassen. Deckel abnehmen und den Reis 5 Minuten stehen lassen.

Ein Körnchen Reis genügt, um den ganzen Topf von gekochtem Reis zu prüfen.

INDISCHES SPRICHWORT

Naturreis mit Obst und Nüssen

Phol Badam Ka Chawal

1 Zwiebel und Knoblauch schälen und fein hacken. Dosentomaten zerkleinern. Aprikosen in Wasser einweichen. Paprika waschen, halbieren, entstielen, entkernen und würfeln.

2 Öl in einem großen Topf erhitzen. Zwiebel zugeben und bei schwacher Hitze 3–5 Minuten dünsten. Knoblauch, Ingwer, Chilipulver, Kreuzkümmel, Currypulver und Reis unterrühren. 3 Minuten unter Rühren braten.

3 Kochende Brühe zugießen. Tomaten unterrühren und mit Salz und Pfeffer würzen. Aufkochen, dann bei schwacher Hitze zugedeckt etwa 40 Minuten beziehungsweise so lange köcheln lassen, bis der Reis gar ist und fast die gesamte Flüssigkeit aufgenommen hat.

4 Aprikosen in ein Sieb gießen und klein schneiden. Aprikosen, Paprika und Erbsen zum Reis geben und untermengen. Zugedeckt weitere 10 Minuten köcheln lassen. Vom Herd nehmen und 5 Minuten zugedeckt ruhen lassen.

5 Banane schälen und in Scheiben schneiden. Reis mit einer Gabel auflockern. Nüsse und Bananen hinzugeben und unterheben. Reis mit Korianderblättern garnieren.

Tipp

Das Reisgericht ist sehr sättigend. Obst und Nüsse geben dieser Mahlzeit eine ganz besondere Note.

Für 4–6 Portionen

Zubereitungszeit:
20 Minuten

1 große Zwiebel

2 Knoblauchzehen

425 g Tomaten (aus der Dose)

175 g getrocknete Aprikosen

1 rote Paprikaschote

4 EL Pflanzenöl

1 EL fein gehackte Ingwerwurzel

1 TL Chilipulver

1 TL Kreuzkümmelsamen

1 EL mittelscharfes Currypulver

300 g brauner Reis

900 ml Gemüsebrühe

100 g Erbsen (tiefgekühlt)

1 kleine Banane

75 g geröstete gemischte Nüsse

Salz und Pfeffer

einige Korianderblätter

Reis-Linsen-Gemüse-Eintopf

Kitchouri

Zubereitungszeit: **20 Minuten**

1 rote Zwiebel
1 Knoblauchzehe
½ Selleriestange
125 g Basmatireis
1 grüne Chilischote
1 EL Butter
1 TL gemahlene Kurkuma
½ TL Garam Masala
½ TL Kreuzkümmelsamen
1 EL gehackte Korianderblätter
125 g grüne Linsen
300 ml Gemüsesaft
600 ml Gemüsebrühe

1 Zwiebel und Knoblauch schälen. Zwiebel fein hacken, Knoblauch durch eine Presse geben. Sellerie waschen und fein hacken. Reis in ein Sieb geben und unter fließend kaltem Wasser so lange waschen, bis das Wasser klar bleibt. Reis in eine Schüssel geben, mit Wasser bedecken und 30 Minuten einweichen, dann abschütten. Chilischote aufschneiden, entkernen und fein hacken.

2 Butter in einem großen Topf erhitzen. Zwiebel, Knoblauch und Sellerie darin etwa 5 Minuten andünsten.

3 Kurkuma, Garam Masala, Chili, Kreuzkümmel und Koriander unterrühren und bei schwacher Hitze 1–2 Minuten braten, bis die Gewürze ihr Aroma entfalten.

4 Reis und Linsen in den Topf geben und 1–2 Minuten rühren, bis der Reis glasig ist. Gemüsesaft und Brühe zugießen und den Reis zugedeckt bei schwacher Hitze etwa 20 Minuten garen. Gelegentlich umrühren.

Tipp

Aus diesem Eintopf ist das indische Gericht Kedgeree – aus Reis, kalten Eiern, Zwiebeln und Curry – entstanden. Von den englischen Kolonialherren übernommen, wurde später eingelegter Fisch hinzugefügt.

Aromatischer Pilaw

Khushbu Pilaw

Zubereitungszeit:
30 Minuten

- **1 Zwiebel**
- **250 g Basmatireis**
- **2 EL Butter oder Öl**
- **3 gemahlene Kardamomkapseln**
- **3 schwarze Pfefferkörner**
- **3 Gewürznelken**
- **1 TL Kreuzkümmelsamen**
- **½ Zimtstange**
- **½ TL gemahlene Kurkuma**
- **Salz und Pfeffer**
- **60 g kernlose Trauben oder Sultaninen**
- **60 g Erbsen (tiefgekühlt)**
- **30 g geröstete Mandelblätter**
- **einige knusprige Röstzwiebeln**

1 Zwiebel schälen und fein hacken. Reis in ein Sieb geben und unter fließend kaltem Wasser gründlich waschen, bis das Wasser klar bleibt. Gut abtropfen lassen.

2 Butter oder Öl in einem großen Topf erhitzen. Zwiebel, Kardamom, Pfefferkörner, Nelken, Kreuzkümmel, Zimt, Kurkuma und Gewürze hineingeben und bei schwacher Hitze unter Rühren 1 Minute braten.

3 Reis unterrühren, dann 600 Milliliter kochendes Wasser zugießen. Mit Salz und Pfeffer würzen.

4 Aufkochen lassen. Zugedeckt bei schwacher Hitze 15 Minuten quellen lassen. Trauben oder Sultaninen und Erbsen zugeben und zugedeckt weitere 15 Minuten ziehen lassen.

5 Reis mit einer Gabel auflockern und die Mandeln unterheben. Mit Röstzwiebeln garnieren.

Tipp

Der Pilaw ist eine ideale Beilage für fast alle Hauptgerichte.

Doppelt, heißt es,
sei der Appetit der Frauen,
vierfach ihr Verstand, sechsfach
ihre Unbesonnenheit und
achtfach ihre Liebeslust.

INDISCHES SPRICHWORT

Basmati-Pilaw

Basmati-Pilaw

Für 6 Portionen

Zubereitungszeit:
35 Minuten

175 g Brokkoli
2 große Zwiebeln
250 g Champignons
2 Knoblauchzehen
500 g Basmatireis
6 EL Öl
6 Kardamomkapseln
6 Gewürznelken
8 schwarze Pfefferkörner
1 Zimtstange
1 TL gemahlene Kurkuma
1¼ l kochendes Wasser oder Brühe
Salz und Pfeffer
60 g kernlose Trauben
60 g ungesalzene, grob gehackte Pistazien

1 Brokkoli putzen, abbrausen und in Röschen teilen. Strünke schälen und würfeln. Zwiebeln schälen und grob hacken. Champignons putzen und in Scheiben schneiden. Knoblauch schälen und zerdrücken.

2 Reis in ein Sieb geben und unter fließend kaltem Wasser gründlich waschen, bis das Wasser klar bleibt. Gut abtropfen lassen.

3 Öl in einem großen Topf erhitzen. Brokkolistrünke und Zwiebeln zugeben und 3 Minuten bei schwacher Hitze dünsten. Champignons, Reis, Knoblauch, Kardamom, Nelken, Pfefferkörner, Zimt und Kurkuma dazugeben. Bei schwacher Hitze unter Rühren 1–2 Minuten dünsten.

4 Kochendes Wasser oder Brühe zugießen, salzen und pfeffern. Brokkoliröschen hinzufügen und alles aufkochen lassen. Zugedeckt bei schwacher Hitze 15 Minuten köcheln lassen.

5 Topf vom Herd nehmen und Pilaw 5 Minuten bei geschlossenem Topf ruhen lassen. Den Reis mit einer Gabel auflockern und Trauben und Pistazien unterheben.

Variation

Sie können das Gemüse auch weglassen, dann erhalten Sie einen einfachen gewürzten Pilaw.

*So möge man sich nähren
von dem regelmäßig Empfangenen
und nicht seinen Gelüsten
nachhängen.*

INDISCHES SPRICHWORT

Reis-Pilaw Hyderabad

Hyderabadi Pilaw

Für 2–4 Portionen

Zubereitungszeit:
25 Minuten

1 Zwiebel

3 Schalotten

1 Knoblauchzehe

250 g Okras

3 EL Öl

1 TL geriebene Ingwerwurzel

425 g Basmatireis

½ TL Cayennepfeffer

1 l Hühnerbrühe

1 TL zerstoßener Safran

Schale von ½ Orange

60 g Sultaninen

1 EL Zitronensaft

1 Zwiebel und Schalotten schälen, Zwiebel in Scheiben schneiden, Schalotten fein hacken. Knoblauch abziehen und zerdrücken. Okras putzen und waschen.

2 Reis in ein Sieb geben und unter fließend kaltem Wasser gründlich waschen, bis das Wasser klar bleibt. Gut abtropfen lassen.

3 Öl in einem Topf erhitzen und die Zwiebel darin goldbraun dünsten. Herausnehmen und auf Küchenpapier abtropfen lassen. Bei mittlerer Hitze Schalotten 5 Minuten im Öl weich dünsten. Knoblauch und Ingwer zugeben. Reis, Cayennepfeffer und Okras untermengen.

4 Brühe zugießen, Safran und Orangenschale unterrühren. Aufkochen lassen und bei mittlerer Hitze 15 Minuten köcheln lassen. Am Ende der Garzeit Sultaninen unterrühren und den Zitronensaft zugießen.

5 Orangenschale entfernen und den Reis in eine Servierschüssel füllen. Mit den gebratenen Zwiebeln garnieren.

Variation

Garnieren Sie diesen farbigen Pilaw mit gerösteten Mandeln, Minze- und Korianderblättern.

Würziger Linsenreis

Masala Dalbhat

Zubereitungszeit:
15 Minuten

125 g braune Linsen
250 g Basmatireis
1 große Zwiebel
1–2 Knoblauchzehen
1 grüne Chilischote
4 EL Butter
1 TL gemahlener Ingwer
1 Zimtstange
2 Gewürznelken
1 Lorbeerblatt
1 TL gemahlene Kurkuma
1 TL Salz
125 g rote Linsen
2 Frühlingszwiebeln

1 Braune Linsen mit kochendem Wasser übergießen und 15 Minuten darin einweichen. Danach in ein Sieb schütten und abtropfen lassen. Reis in ein Sieb geben und unter fließend kaltem Wasser so lange waschen, bis das Wasser klar bleibt.

2 Reis in eine Schüssel geben, mit Wasser bedecken und 30 Minuten einweichen, dann abschütten. Zwiebel und Knoblauch schälen. Zwiebel fein hacken, Knoblauch durch die Presse drücken. Chilischote aufschneiden, entkernen und klein schneiden.

3 Butter in einem großen Topf erhitzen. Zwiebel, Knoblauch, Ingwer und Chili darin anbräunen. Zimtstange, Gewürznelken, Lorbeerblatt und Kurkuma einrühren und unter ständigem Rühren 2 Minuten mitdünsten.

4 Salz, Reis, braune und rote Linsen in den Topf geben und mit so viel Wasser aufgießen, dass die Zutaten gut 2–3 Zentimeter mit Wasser bedeckt sind. Aufkochen lassen und zugedeckt 20 Minuten bei schwacher Hitze garen.

5 Frühlingszwiebeln putzen, waschen und klein schneiden. Zuletzt unter den Linsenreis rühren. Vor dem Servieren die Zimtstange entfernen.

Lediglich mit dem
Essen aufhören
heißt noch nicht fasten.

MAHATMA GANDHI (1869–1948)

Kidneybohnen-Curry

Masala Radschma

Zubereitungszeit:
30 Minuten

200 g getrocknete Kidneybohnen (oder vorgegarte aus der Dose)

1 Zwiebel

2 Knoblauchzehen

2 Tomaten

1 Stück Ingwerwurzel (2 cm)

6 EL Pflanzenöl

2 Lorbeerblätter

1 Zimtstange

3 Kardamomkapseln

1 gestrichener TL gemahlene Kurkuma

½ TL Chilipulver

½ TL Salz

1 Getrocknete Bohnen über Nacht in Wasser einweichen.

2 Bohnen knapp mit Wasser bedeckt zum Kochen bringen, zugedeckt etwa 60 Minuten köcheln lassen, bis sie weich sind. In ein Sieb schütten und abtropfen lassen. Bohnen aus der Dose in ein Sieb geben, abbrausen und abtropfen lassen.

3 Zwiebel schälen und klein schneiden, Knoblauch abziehen und fein hacken. Tomaten waschen, halbieren und Stielansatz entfernen. Tomaten in kleine Stücke schneiden. Ingwer schälen und reiben.

4 Öl in einem großen Topf auf mittlerer Stufe erhitzen. Lorbeerblätter, Zimt und Kardamomkapseln darin kurz erhitzen. Zwiebel, Knoblauch und Ingwer zugeben und so lange braten, bis die Zwiebelwürfel goldbraun sind.

5 Kurkuma, Chili, Salz und Tomaten hinzufügen und 1 Minute mitbraten. Die abgetropften Bohnen dazugeben und zusammen mit den Gewürzen 2–3 Minuten braten. 100 Milliliter Wasser zugießen und alles zum Kochen bringen. Bei schwacher Hitze 10–15 Minuten köcheln lassen. Mit Chapatis servieren.

Tipp

Servieren Sie dieses köstliche Curry mit Chapatis.

Gelber Linseneintopf

Chana Dal

Für 6 Portionen

Zubereitungszeit: **40 Minuten**

250 g gelbe Linsen
1 Zwiebel
2 Knoblauchzehen
1 Möhre
1 grüne Chilischote
1 kleiner Blumenkohl (300 g)
1 große Aubergine
2 EL Butter oder Öl
1 TL schwarze Senfkörner
1 EL geriebene Ingwerwurzel
1 EL Tomatenmark
425 g Tomaten (aus der Dose)
½ l Gemüsebrühe
Salz und Pfeffer
250 g vorbereiteter, klein geschnittener Kürbis
2 EL Öl
1 EL gehackte Korianderblätter
1 TL Garam Masala

1 Erbsen 2 Stunden in Wasser einweichen, in ein Sieb schütten und abtropfen lassen. Zwiebel und Knoblauch schälen und fein hacken. Möhre waschen, schälen und fein reiben. Chilischote aufschneiden, entkernen und fein hacken.

2 Blumenkohl in Röschen teilen, abbrausen und abtropfen lassen. Von der Aubergine Stängelansatz abschneiden, Aubergine halbieren und in Würfel schneiden.

3 Butter oder Öl in einem großen Topf erhitzen. Senfkörner zugeben. Sobald diese aufplatzen, Zwiebel, Knoblauch, Möhre und Ingwer unterrühren. Etwa 5 Minuten weich dünsten. Chili und Tomatenmark zugeben, Linsen unterrühren.

4 Tomaten etwas zerkleinern und mit der Gemüsebrühe in den Topf geben. Kräftig mit Salz und Pfeffer würzen. Zugedeckt 40 Minuten köcheln lassen.

5 Kürbis und Blumenkohl zugeben und zugedeckt weitere 30 Minuten garen.

6 Öl in einer Pfanne erhitzen. Auberginenwürfel zugeben und von allen Seiten anbraten. Herausnehmen und auf Küchenpapier abtropfen lassen. Aubergine zusammen mit Koriander und Garam Masala in die Erbsenmischung rühren. Noch einmal abschmecken.

Tipp

Chana Dal ist ein köstliches Gericht für kalte Herbst- und Wintertage, das als leichte Beilage zu einem Hauptgericht, wie Pilaw oder Biryani, serviert werden kann.

Kichererbsen-Curry

Kabli Chana Kari

Für 4–6 Portionen

Zubereitungszeit:
25 Minuten

- **2 Dosen Kichererbsen (à 400 g)**
- **2 mittelgroße Zwiebeln**
- **1 Knoblauchzehe**
- **1–2 grüne Chilischoten**
- **2 große Tomaten**
- **3 EL Butter oder Öl**
- **1 TL geriebene Ingwerwurzel**
- **½ TL gemahlene Kurkuma**
- **1 EL gemahlener Koriander**
- **2 TL Garam Masala**
- **2 EL Zitronensaft**
- **2–3 EL gehackte Korianderblätter**

1 Kichererbsen in einem Sieb abtropfen lassen, die Flüssigkeit auffangen und aufbewahren. Zwiebeln schälen und fein hacken. Knoblauch abziehen und durch die Presse drücken. Chilischoten aufschneiden, entkernen und klein schneiden. Tomaten halbieren, Stielansatz entfernen und entkernen. Tomaten klein schneiden.

2 Butter oder Öl in einem großen Topf erhitzen. Zwiebeln, Ingwer, Knoblauch, Kurkuma und Chilis darin bei mittlerer Hitze weich dünsten.

3 Tomaten zugeben und weich köcheln. Koriander und Kichererbsen untermengen und 10 Minuten mitköcheln lassen. ¼ Liter der aufgehobenen Flüssigkeit aus den Dosen zugießen und weitere 5 Minuten kochen lassen.

4 Garam Masala, Zitronensaft und Koriander unterrühren und 2–3 Minuten köcheln lassen. Bei Bedarf mehr Flüssigkeit zugeben, um eine Sauce zu erhalten.

Kein Schatz ist so viel wert wie Reis.

INDISCHES SPRICHWORT

Gewürzte Linsen

Tarka Dal

Zubereitungszeit:
20 Minuten

2 Schalotten
2 Knoblauchzehen
2 Tomaten
2 EL Butter oder Öl
1 TL gelbe Senfkörner
8 Bockshornkleesamen (Trigonella)
1 TL geriebene Ingwerwurzel
½ TL Salz
125 g rote Linsen
1 EL Tomatenmark
1 EL Zitronensaft
4 EL gehackte Korianderblätter
½ TL Chilipulver
½ TL Garam Masala

1 Schalotten und Knoblauch abziehen und fein hacken. Tomaten kurz in kochendem Wasser blanchieren, mit kaltem Wasser abschrecken, häuten und klein schneiden.

2 Von der Butter (oder dem Öl) 1 Esslöffel in einem Topf erhitzen. Schalotten darin 2–3 Minuten kräftig anbraten, dann Senfkörner zugeben. Deckel auf den Topf legen, bis die Senfkörner zu platzen beginnen. Deckel abnehmen und Knoblauch, Bockshornklee, Ingwer und Salz unterrühren.

3 Linsen, Tomatenmark und 600 Milliliter Wasser zugeben. Bei schwacher Hitze 10 Minuten köcheln lassen. Tomaten, Zitronensaft und Koriander unterrühren und weitere 4–5 Minuten köcheln lassen, bis die Linsen weich sind.

4 Dal in eine Servierschüssel füllen. Restliche Butter oder restliches Öl in einem kleinen Topf erhitzen, Topf von der Herdplatte nehmen und Garam Masala und Chilipulver einrühren. Sofort über das Tarka Dal geben und servieren.

Tipp

Suppen (Dals) werden in ganz Indien serviert. Sie sind unverzichtbarer Bestandteil der Ernährung, vor allem bei Vegetariern.

Linsensuppe

Murkha Dal

Zubereitungszeit:
20 Minuten

1 Zwiebel

2 Knoblauchzehen

2 grüne Chilischoten

60 g Butter

2 TL schwarze Senfkörner

1 EL geriebene Ingwerwurzel

1 TL gemahlene Kurkuma

250 g rote Linsen

300 ml Kokosmilch

1 TL Salz

1 Zwiebel und Knoblauch schälen und fein hacken. Chilischoten aufschneiden, entkernen und fein hacken.

2 Butter bei mittlerer Hitze in einem großen Topf zerlassen. Senfkörner hineingeben und den Topf mit dem Deckel verschließen. Sobald die Senfkörner zu platzen beginnen, Zwiebel, Knoblauch und Ingwer unterrühren. Offen köcheln lassen, bis alle Zutaten weich sind (8 – 10 Minuten).

3 Kurkuma und Chilis in den Topf dazugeben und 2 – 3 Minuten garen, dann Linsen untermengen und 2 – 3 Minuten glasig andünsten. 1 Liter Wasser, Kokosmilch und Salz zugeben. Aufkochen und bei schwacher Hitze 40 Minuten köcheln lassen, bis die gewünschte Konsistenz erreicht ist. Je länger die Garzeit, umso sämiger wird der Dal.

Tipp

Wichtig bei diesem Rezept ist, dass der Knoblauch unten im Topf anbräunt, damit sein Aroma den Dal durchzieht.

*Nur um sich zu erhalten,
soll man essen, und nur so viel,
wie dem Lebensunterhalt dient.*

INDISCHES SPRICHWORT

Dal mit Spinat

Saag Dal

Zubereitungszeit: **20 Minuten**

250 g grüne Linsen
1 große Zwiebel
1 Stange Porree
350 g Spinat
1 rote Paprikaschote
2–3 Knoblauchzehen
2 EL Pflanzenöl
1–2 TL Chilipaste (aus dem Glas)
2 TL Kreuzkümmelsamen
2 TL gemahlener Koriander
Salz und Pfeffer

1 Linsen in ein Sieb geben und unter fließend kaltem Wasser gründlich waschen. Mit 1 ¼ Liter Wasser in einen großen Topf geben, aufkochen und zugedeckt 30 Minuten köcheln lassen.

2 Zwiebel schälen und fein hacken. Porree putzen, in feine Scheiben schneiden und waschen. Spinat putzen, waschen, abtropfen lassen und grob hacken. Paprika waschen, halbieren, entstielen, entkernen und grob würfeln. Knoblauch abziehen und durch eine Presse drücken.

3 Öl in einem großen Topf erhitzen und Zwiebel, Porree, Spinat und Paprika hineingeben. Bei schwacher Hitze 10 Minuten dünsten, bis der Spinat schlaff ist.

4 Knoblauch, Chilipaste, Kreuzkümmel und Koriander unterrühren und weitere 3–4 Minuten köcheln lassen. Die garen Linsen in die Spinat-Zwiebel-Mischung geben und unterheben. Mit Salz und Pfeffer abschmecken.

Pikante Munglinsen

Moong Dal

Zubereitungszeit: **20 Minuten**

2 Knoblauchzehen
1 Zwiebel
3 EL Butter oder Öl
1 EL geriebene Ingwerwurzel
2 TL Currypulver
250 g Munglinsen
1 TL Salz
½ TL Garam Masala

1 Knoblauch und Zwiebel schälen und fein hacken. ⅔ von der Butter oder dem Öl in einem Topf erhitzen. Knoblauch, Zwiebel, Ingwer in den Topf geben und bei mittlerer Hitze so lange braten, bis die Zwiebel gebräunt ist.

2 Currypulver unterrühren und unter ständigem Rühren 2 Minuten mitbraten. Linsen hineingeben und 2–3 Minuten andünsten. 800 Milliliter Wasser und Salz in den Topf geben und aufkochen.

3 Zugedeckt 25 Minuten bei schwacher Hitze köcheln lassen, bis die Linsen weich sind. Kurz vor dem Servieren das Garam Masala darüber streuen.

Meine Notizen

Fisch und Meeres-früchte

Macchli Aur Jhinga

In manchen Gegenden Indiens spielen Fisch und Meeresfrüchte eine sehr wichtige Rolle in der Alltagsküche. Sie werden frittiert, gebacken, gedünstet, pochiert, gebraten oder einfach nur mit Gewürzen bestreut und gegrillt. Fisch mit fester Konsistenz wird nach Curry-Art in aromatischen Saucen gegart.

Kokosnuss-Fisch-Curry

Macchli Nariyel Kari

Zubereitungszeit:
30 Minuten

650 g Fischfilet
2 TL Zitronensaft
1 TL Kreuzkümmelsamen
½ TL Fenchelsamen
50 g Kokosraspel
2 rote Chilischoten
2 Knoblauchzehen
1 Zwiebel
1 EL geriebene Ingwerwurzel
1 gestrichener TL gemahlene Kurkuma
2 TL Tamarindenkonzentrat
2 EL Butter
2 EL gehackte Korianderblätter

1 Fischfilet waschen und trockentupfen. Fischfilet in 3 Zentimeter dicke Scheiben schneiden. Mit Zitronensaft beträufeln und beiseite stellen.

2 Kreuzkümmel, Fenchel und Kokosraspel in einer Pfanne ohne Fett rösten, bis die Gewürze zu duften beginnen. In einer Gewürzmühle oder einem Mörser zu einem feinen Pulver mahlen. Chilischoten aufschneiden, entkernen und klein hacken. Knoblauch und Zwiebel abziehen und ebenfalls fein hacken.

3 Ingwer, Chilis, Knoblauch und Zwiebel zu einer Paste verarbeiten, die gemahlene Gewürzmischung, Kurkuma und Tamarindenkonzentrat in die Paste rühren. Diese Gewürzpaste etwa 2 Minuten unter ständigem Rühren in einem Topf in Butter anbraten. Mit 400 Milliliter Wasser ablöschen, aufkochen und 6 Minuten köcheln lassen.

4 Fisch und die Hälfte des Korianders hinzugeben. 6–8 Minuten köcheln lassen, bis der Fisch gar ist. Auf Teller mit Reis anrichten und mit dem restlichen Koriander garnieren.

Der Fisch im Wasser schweigt,
das Tier auf der Erde lärmt,
der Vogel in der Luft singt.
Aber der Mensch hat in sich
das Schweigen der See,
den Lärm der Erde und
die Musik der Lüfte.

Rabindranath Tagore (1861 – 1941), Dichter und Sozialreformer

Grünes Garnelen-Curry

Sabuj Jhinga Kari

Zubereitungszeit:
20 Minuten

3 Knoblauchzehen

4 Frühlingszwiebeln

2 grüne Chilischoten

1 TL geriebene Ingwerwurzel

7 EL gehackte Korianderblätter

1 EL gemahlener Koriandersamen

½ TL Fenchelsamen

¼ TL Senfkörner

¼ l Kokosmilch

1 kg Garnelen

1 Knoblauch schälen, Frühlingszwiebeln putzen, waschen und klein schneiden, Chilischoten aufschneiden, entkernen und klein schneiden. Knoblauch, Ingwer, Frühlingszwiebeln und Chilis in einem Mixer zu einer Paste verarbeiten. Die Paste in einen Topf geben und 2 Minuten ohne Fett darin anbraten.

2 4 Esslöffel gehackte Korianderblätter, gemahlener Koriander, Fenchel, Senfkörner und Kokosmilch in den Topf geben und 4–5 Minuten köcheln lassen. ⅛ Liter Wasser zugießen und alles bei mittlerer Hitze 5 Minuten offen köcheln lassen.

3 Garnelen waschen, trockentupfen und in den Topf zu den anderen Zutaten geben. Unter Rühren so lange garen, bis sie eine rosa Farbe angenommen haben. 3 Esslöffel Korianderblätter unterrühren.

Tipp

Zu dem Garnelen-Curry schmeckt ein indischer Würzreis und gebratenes Gemüse.

Fischfilet in würziger Joghurtsauce

Dahi Macchli Kari

Zubereitungszeit:
30 Minuten

4 EL Öl
2 EL fein gehackte Zwiebeln
1 Knoblauchzehe
1 TL Chilipulver
½ TL gemahlene Kurkuma
1 TL gemahlener Koriander
200 g Joghurt
1 TL fein gehackte Ingwerwurzel
600 g Fischfilet
Salz und Pfeffer
1 EL Mehl

1 2 Esslöffel Öl in einem Topf erhitzen, Zwiebeln zugeben und glasig dünsten. Knoblauch schälen und fein hacken. Knoblauch, Chilipulver, Kurkuma, Koriander, Joghurt und Ingwer in eine Schüssel geben und gut vermengen. Zu den Zwiebeln geben und 10 Minuten köcheln. Bei Bedarf etwas Wasser zugießen.

2 Fischfilets waschen und trockentupfen. Fischfilets mit Salz und Pfeffer würzen und im Mehl wenden. Restliches Öl in einer Pfanne erhitzen und die Fischfilets darin knusprig braten.

3 Fischfilets auf Teller legen und mit der Sauce beträufeln.

Tipp

Zu Dahi Macchli Kari schmecken beispielsweise gewürzter Reis, Dal oder frisches indisches Brot. Ein Salat als Beilage macht ein komplettes Menü daraus.

Ob Fischernetz oder Reiher –
einmal erwischt es
den Karpfen.

Indisches Sprichwort

Dorsch mit Tomaten

Tamatar Macchli

1 Zwiebel und Knoblauch schälen und fein hacken. Paprika halbieren, entstielen, entkernen, abbrausen und sehr fein würfeln. Fisch waschen und trockentupfen.

2 Öl in einem Topf erhitzen. Fischsteaks hineingeben, mit Salz und Pfeffer würzen und von beiden Seiten braun anbraten. Fisch herausnehmen und beiseite stellen.

3 Zwiebel, Knoblauch, Paprika, Koriander, Kreuzkümmel, Kurkuma und Garam Masala in den Topf geben und bei schwacher Hitze 3 Minuten unter Rühren andünsten. Tomaten zerkleinern und in den Topf geben, aufkochen und 5 Minuten köcheln lassen.

4 Fischsteaks zu den Tomaten geben und bei schwacher Hitze etwa 8 – 10 Minuten köcheln. Fisch wieder herausnehmen und auf einer Platte warm halten.

5 Kokosmilch und Koriandergrün in den Topf rühren und die Sauce noch einmal erhitzen. Sauce über den Dorsch geben.

Tipp

Zu Tamatar Macchli schmecken Basmatireis und indisches Brot.

Zubereitungszeit:
25 Minuten

1 Zwiebel

2 Knoblauchzehen

1 rote Paprikaschote

4 Dorschsteaks

3 EL Öl

Salz und Pfeffer

1 TL gemahlener Koriandersamen

1 TL gemahlener Kreuzkümmel

1 TL gemahlene Kurkuma

½ TL Garam Masala

425 g Tomaten (aus der Dose)

150 ml Kokosmilch

1 – 2 EL gehackte Korianderblätter

Frittierter Fisch

Bhaji Macchli

Für 4–8 Portionen

Zubereitungszeit:
30 Minuten

1 Knoblauchzehe

1 EL gemahlene Kurkuma

2 EL Mehl

Prise Salz

½ TL schwarzer gemahlener Pfeffer

1 TL Chilipulver

1 EL gemahlener Koriander

2 TL Garam Masala

8 Schollenfilets ohne Haut (à 150 g)

Öl zum Frittieren

1 Knoblauch schälen und fein hacken. In einer flachen Schüssel Knoblauch, Kurkuma, Mehl, Salz, Pfeffer, Chili, Koriander und Garam Masala mischen. Eine tiefe Bratpfanne 6–8 Zentimeter hoch mit Öl füllen und dieses auf 180 °C erhitzen.

2 Fischfilets von beiden Seiten in der Gewürzmischung wälzen und panieren. Fisch in das heiße Öl geben und etwa 4–6 Minuten frittieren. Häufiger wenden. Fisch herausnehmen und auf Küchenpapier abtropfen lassen.

Tipp

Den frittierten Fisch mit Chilipulver bestreuen und mit Zitronenscheiben garnieren. Dazu verschiedene Chutneys und Pickles reichen.

Man soll den
Menschen nicht Fische geben,
sondern zeigen, wie man angelt.

SATHYA SAI BABA, INDISCHER GURU

Krebs-Curry

Jhinga Kari

Zubereitungszeit:
35 Minuten

- **1 Zwiebel**
- **2 Knoblauchzehen**
- **2 grüne Chilischoten**
- **2 EL Senföl**
- **1 EL Butter**
- **1 EL geriebene Ingwerwurzel**
- **1 TL gemahlene Kurkuma**
- **1 TL Salz**
- **1 TL Chilipulver**
- **1 TL Paprikapulver**
- **125 g braunes Krebsfleisch**
- **350 g weißes Krebsfleisch**
- **250 g Naturjoghurt**
- **1 TL Garam Masala**

1 Zwiebel und Knoblauch schälen, Zwiebel fein hacken, Knoblauch ganz lassen. Chilischoten aufschneiden, entkernen und fein hacken. Öl in einem großen Topf erhitzen. Butter und Zwiebel zugeben und bei mittlerer Hitze die Zwiebel darin weich dünsten.

2 Ingwer und ganze Knoblauchzehen zugeben. Kurkuma, Salz, Chilipulver, Chilis und Paprikapulver unterrühren und gründlich vermengen.

3 Krebsfleisch und Joghurt in den Topf geben und 10 Minuten unter Rühren köcheln lassen, bis die Sauce leicht eindickt. Mit Garam Masala abschmecken.

Tipp

Bestreuen Sie das Krebs-Curry mit frischem Koriandergrün und reichen Sie Basmatireis dazu.

Zimtfisch

Dalchini Macchli

Zubereitungszeit:
30 Minuten

600 g Seelachsfilet
Salz und Pfeffer
Zitronensaft
400 g Tomaten
100 g Zwiebeln
1 Messerspitze Zucker
2 Zimtstangen
4 EL Essig
40 g Weizenmehl
40 g geriebener Käse
2 TL Paprikapulver

1 Fischfilet waschen, trockentupfen, in Stücke schneiden, salzen und mit Zitronensaft beträufeln. Tomaten kurz in kochendem Wasser blanchieren, mit kaltem Wasser abschrecken, häuten und in Stücke schneiden. Zwiebeln schälen und fein hacken.

2 Tomaten, Zwiebeln, Zucker, Zimtstangen, Pfeffer und Essig in einen Topf geben und kurz aufkochen lassen. Zimt herausnehmen. Fisch in den Sud legen und etwa 10 Minuten bei mittlerer Hitze mitgaren. Fisch wieder herausnehmen.

3 Fischbrühe mit Wasser auffüllen, sodass sich ½ Liter Flüssigkeit ergeben. Mehl mit etwas Wasser anrühren, in die Sauce rühren und aufkochen lassen. Mit Zimt und Zucker abschmecken.

4 Fisch in eine feuerfeste, gefettete Form geben, mit der Sauce übergießen, mit Käse bestreuen und 15 Minuten bei 175 °C im Backofen garen und überbacken.

Beim Essen und bei Geschäften sollst du nicht genügsam sein.

INDISCHES SPRICHWORT

Meine Notizen

Eier

Anda

Für Vegetarier, die auf Fleisch, aber nicht auf Eier und Milchprodukte verzichten, hält die indische Küche eine Reihe exotischer Gerichte bereit. Ob mit Gemüse, Hülsenfrüchten oder in Kombination mit Fisch – probieren Sie doch einfach einmal eines der folgenden Rezepte!

Eier in Tomate

Anda Tamatar Kari

Zubereitungszeit:
20 Minuten

6 Knoblauchzehen
6 grüne Chilischoten
1 kg Tomaten
2 EL Öl
8 Curryblätter
1 TL Salz
4 Eier
einige gehackte Korianderblätter

1 Knoblauch abziehen und halbieren. Chilischoten aufschneiden, entkernen und klein schneiden. Tomaten waschen, halbieren und Stielansätze entfernen. Tomaten in Würfel schneiden.

2 Öl in einem Topf erhitzen, Knoblauchstücke darin leicht braun dünsten. Curryblätter und Chilis unterrühren. Deckel auf Topf geben und einige Minuten von der Herdplatte nehmen.

3 Topf wieder auf den Herd stellen und Tomaten und Salz unterrühren. 10 Minuten zugedeckt köcheln lassen, bis die Tomaten auf die Hälfte eingekocht sind. Eier aufschlagen, vorsichtig auf die Tomaten gleiten lassen und 5 Minuten lang leicht köcheln lassen. Mit Koriander garnieren und sofort servieren.

Tipp

Zu Anda Tamatar Kari schmecken ein gewürzter Basmatireis und frisches indisches Brot.

Ist das Frühstück schlecht,
so misslingt der ganze Tag;
ist das Kleid schlecht,
das ganze Jahr.

Indisches Sprichwort

Eiercurry mit Krabben

Anda Jhinga Kari

Zubereitungszeit:
30 Minuten

4 Eier

200 g gekochte, geschälte Krabben

2 EL Zitronensaft

4 große Zwiebeln

2 große Fleischtomaten

1 Knoblauchzehe

5 EL Öl

Salz und Cayennepfeffer

1 EL Tomatenketchup

200 ml Hühnerbrühe

3 EL trockener Sherry

1 Prise Zucker

1 TL Madras-Currypulver

1 Apfel

250 g Basmatireis

1 EL gehackter Dill

1 Eier in 10 Minuten hart kochen, schälen und in dünne Scheiben schneiden. Krabben mit Zitronensaft beträufeln. Zwiebeln schälen und fein hacken. Fleischtomaten kurz in kochendem Wasser blanchieren, mit kaltem Wasser abschrecken und häuten. Tomaten klein schneiden. Knoblauch abziehen und fein hacken.

2 Öl in einem Topf erhitzen. Zwiebeln und Knoblauch darin glasig dünsten. Mit Salz und Cayennepfeffer würzen, Tomatenketchup unterrühren. Tomaten zugeben und alles unter ständigem Rühren 10 Minuten offen dünsten lassen.

3 Krabben, Brühe, Sherry, Zucker und Curry unterrühren. Apfel schälen, vierteln, entkernen und in die Krabbensauce hineinreiben. Die Zutaten bei schwacher Hitze weitere 5 Minuten köcheln lassen. Vorsichtig die Eischeiben zugeben.

4 Reis in ein Sieb geben und unter fließend kaltem Wasser so lange waschen, bis das Wasser klar bleibt. Reis in eine Schüssel geben, mit Wasser bedecken und 30 Minuten einweichen, dann abschütten.

5 In einem großen Topf 5 Liter Salzwasser aufkochen, Reis einrühren und aufkochen lassen. Den Reis zugedeckt bei schwacher Hitze 10–15 Minuten garen, anschließend auf einen Servierteller schöpfen. Die Eierkrabben auf den Reis geben und mit Dill bestreuen.

Eierbällchen

Dimer Chop

Zubereitungszeit:
30 Minuten

1 kg mehlig kochende Kartoffeln
6 Eier
1 EL geriebene Ingwerwurzel
2 TL gemahlener Koriander
etwas Salz
½ TL Chilipulver
1 TL Garam Masala
300 g Kichererbsenmehl
Öl zum Frittieren

1 Kartoffeln waschen, schälen und in etwa 3 Zentimeter große Würfel schneiden. In reichlich kochendem Salzwasser 15 Minuten garen. Eier in etwa 10 Minuten hart kochen, schälen und der Länge nach halbieren. Gegarte Kartoffeln mit einem Kartoffelstampfer zerdrücken und in einer großen Schüssel abkühlen lassen.

2 Ingwer, Koriander, Salz, Chili und Garam Masala zu den Kartoffeln geben und gut mischen. Kichererbsenmehl in eine Schüssel geben, 300 Milliliter Wasser und Salz hinzufügen und alles zu einem glatten dickflüssigen Teig verrühren.

3 Öl in einer tiefen Pfanne erhitzen. Mit einem Löffel und den Händen etwas Kartoffelteig um eine Eierhälfte herumformen, dann Eierhälfte in Kichererbsenmehlteig wenden und sofort im Öl 1–2 Minuten frittieren, bis der Teig goldbraun ist. Alle Eierbällchen auf diese Weise zubereiten und warm stellen.

Essigeier

Baida vindalu

Zubereitungszeit:
20 Minuten

8 Eier
4 Knoblauchzehen
1 EL geriebene Ingwerwurzel
1 Prise Cayennepfeffer
2 TL Paprikapulver
1 TL gemahlener Kreuzkümmel
1 TL Salz
1 EL brauner Zucker
2 EL Weißweinessig
6 Zwiebeln
3 EL Pflanzenöl
1 Zimtstange
1 TL Garam Masala
150 ml Weißweinessig

1 Eier in 10 Minuten hart kochen, schälen und quer halbieren. Knoblauch schälen und zerdrücken. In einer kleinen Schüssel Knoblauch, Ingwer, Cayennepfeffer, Paprika, Kreuzkümmel, Salz, Zucker und 2 Esslöffel Essig miteinander vermischen.

2 Zwiebeln schälen und fein hacken. In einer Pfanne das Öl erhitzen, Zimt und Zwiebeln hineingeben. Unter Rühren Zwiebeln in 5 Minuten glasig werden lassen.

3 Angerührte Gewürzmischung und Garam Masala zu den Zwiebeln geben, 2 Minuten unter Rühren mitdünsten.

4 Essig und 175 Milliliter Wasser zugießen. Alles miteinander verrühren und aufkochen. Die Eier mit der Schnittfläche nach oben vorsichtig in die Pfanne legen und mit Sauce übergießen. Bei mittlerer Hitze etwa 5 Minuten kochen, bis die Sauce eindickt, dabei immer wieder Sauce über die Eier geben.

Curry mit Eiern und Kichererbsen

Anda Kablichana Kari

Zubereitungszeit:
30 Minuten

- **2 Knoblauchzehen**
- **1 große Zwiebel**
- **1 große Möhre**
- **1 Apfel**
- **½ kleiner Blumenkohl**
- **2 EL Öl**
- **2 EL Currypulver**
- **1 EL geriebene Ingwerwurzel**
- **2 TL Paprikapulver**
- **900 ml Gemüsebrühe**
- **2 EL Tomatenmark**
- **475 g Kichererbsen (aus der Dose)**
- **30 g Rosinen**
- **1 EL Speisestärke**
- **4 hart gekochte Eier**
- **Salz und Pfeffer**
- **¼ Salatgurke**
- **1 EL fein gehackte Minzeblätter**
- **150 ml Joghurt**

1 Knoblauch und Zwiebel schälen und fein hacken. Möhre waschen, schälen und in dünne Scheiben schneiden. Apfel waschen, schälen, vierteln, entkernen und in kleine Stücke schneiden. Blumenkohl in Röschen teilen. Röschen abbrausen und abtropfen lassen.

2 Öl in einem großen Topf erhitzen. Knoblauch, Zwiebel, Möhre und Apfel darin 4–5 Minuten weich dünsten.

3 Currypulver, Ingwer und Paprika zugeben und 1 Minute mit anbraten. Mit Gemüsebrühe und Tomatenmark auffüllen.

4 Blumenkohl, Kichererbsen und Rosinen in die Brühe geben. Aufkochen und bei schwacher Hitze zugedeckt 25–30 Minuten köcheln lassen, bis das Gemüse gar ist.

5 Speisestärke mit etwas Wasser verquirlen und das Gemüse unter ständigem Rühren damit eindicken. 2 Minuten kochen lassen. Mit Salz und Pfeffer abschmecken.

6 Für den Dip Gurke schälen, halbieren, entkernen und fein würfeln. Mit Minze und Joghurt verrühren.

7 Eier vierteln. Das Curry auf 4 Tellern anrichten und mit den Eiern garnieren. Mit etwas Paprikapulver bestreuen.

Wer Pfannkuchen isst, zählt nicht die Löcher in ihnen.

INDISCHES SPRICHWORT

Geflügel und Fleisch

Mura Aur Gosht

Die am meisten verwendete Fleischart ist Huhn – vor allem in Nordindien. Das zarte Geflügel harmoniert wunderbar mit aromatischen Saucen auf Joghurtbasis. Schnell zubereitet werden Geflügel und Fleisch im Tandoori-Stil. Zu den beliebtesten Fleischgerichten zählen zweifellos Currys. Doch auch Spieße mit Fleisch und Gemüse und viele Pfannengerichte mit einer Mischung indischer Gewürze laden zum Genießen ein.

Butterhühnchen

Makhan Murg

Zubereitungszeit:
30 Minuten

1 kg filetierte Hähnchenschenkel
1 TL Salz
60 ml Zitronensaft
1 Zwiebel
2 Knoblauchzehen
1 grüne Chilischote
60 g Joghurt
1½ EL geriebene Ingwerwurzel
3 TL Garam Masala
2 TL gelbe Speisefarbe
1 TL rote Speisefarbe
125 g Tomatenpüree
¼ l Sahne
2 TL Zucker
¼ TL Chilipulver
1 EL Zitronensaft
1 TL gemahlener Kreuzkümmel
100 g Butter

1 Hähnchenfleisch waschen, trockentupfen und in 2 Zentimeter dicke Streifen schneiden. Mit Salz und Zitronensaft würzen.

2 Zwiebel schälen und fein hacken. Knoblauch abziehen und zerdrücken. Chilischote aufschneiden, entkernen und fein hacken.

3 In einer kleinen Schüssel Joghurt, Zwiebel, Knoblauch, die Hälfte des Ingwers, Chili und die Hälfte Garam Masala zu einer glatten Paste verarbeiten.

4 Speisefarben in einer weiteren kleinen Schüssel verrühren und das Fleisch von allen Seiten damit bestreichen. Das Fleisch in eine flache Schüssel geben. Joghurtmischung zum Fleisch geben und gut verteilen. Das Fleisch zugedeckt 4 Stunden in den Kühlschrank stellen, anschließend aus der Marinade nehmen und gut abtropfen lassen.

5 Den Backofen auf 220 °C vorheizen. Das Fleisch in eine flache, gefettete Form legen und etwa 15–20 Minuten im Ofen garen. Mit Alufolie abdecken und warm halten.

6 Tomatenpüree mit ⅛ Liter Wasser verrühren. Restlichen Ingwer, Sahne, restliches Garam Masala, Zucker, Chilipulver, Zitronensaft und Kreuzkümmel unterrühren.

7 Butter in einer Pfanne zerlassen. Tomatenmischung einrühren und aufkochen lassen. 2 Minuten kochen, dann das Fleisch zugeben und bei mittlerer Hitze 2–3 Minuten in der Sauce erhitzen.

Ein Gast ist wie ein Gott.

SANSKRIT-SPRUCH

Tandoori-Hähnchen

Tandoori Murg

Zubereitungszeit:
35 Minuten

2 Knoblauchzehen

½ Zwiebel

8 kleine Hähnchenteile (ohne Haut)

3 getrocknete rote Chilischoten

1 TL Salz

2 TL Koriandersamen

2 EL Limonensaft

1 EL geriebene Ingwerwurzel

1 Gewürznelke

2 TL Garam Masala

2 TL Chilipulver

300 g Joghurt

1 EL gehackte Korianderblätter

einige Zitronenscheiben

1 Knoblauch und Zwiebel schälen, Zwiebel fein hacken, Knoblauch durch die Presse drücken. Hähnchen waschen und trockentupfen, jedes Stück mit einem Messer zwei- bis dreimal einschneiden.

2 Chilischoten, Salz, Koriandersamen, Knoblauch, Ingwer und Gewürznelke zusammen im Mörser zerstoßen. Mit Limonensaft, Garam Masala und Chilipulver in einen kleinen Topf geben, unterrühren und bei schwacher Hitze ziehen lassen, bis die Gewürze ihr volles Aroma entfalten.

3 Zwiebel zugeben und braten. Joghurt unterrühren und den Topf vom Herd nehmen.

4 Hähnchenteile in eine Schüssel geben und die Joghurt-Gewürz-Mischung darüber geben. Zugedeckt mindestens 4 Stunden, am besten über Nacht, marinieren.

5 Hähnchenteile aus der Marinade nehmen und auf einen Grillrost legen. Auf dem vorgeheizten heißen Grill 20–30 Minuten garen (einmal wenden), bis klarer Saft austritt, wenn Sie an der dicksten Stelle in das Fleisch stechen.

6 Das Hähnchen mit frisch gehacktem Koriander bestreuen und mit Zitronenscheiben garnieren.

Tipp

Das Hähnchen muss bei sehr hoher Temperatur gegart werden – am besten schmeckt es vom Holzkohlegrill. Dazu Reis, Chutney oder Gemüse reichen.

Safranpulao mit Huhn

Kesar Murg Pilaw

Zubereitungszeit:
25 Minuten

4 EL Butter oder Öl
400 g Basmatireis
1 Zimtstange
2 Kardamomkapseln
½ TL Safranpulver
3 Gewürznelken
2 EL Sultaninen
2 EL gemahlene Mandeln
300 g Hähnchenbrust

1 Die Hälfte der Butter oder des Öls in einem Topf erhitzen. Reis unterrühren. Zimtstange zerkleinern und Kardamomkapseln zerdrücken. Beides zum Reis geben, Safran, Gewürznelken und ¾ Liter Wasser zugeben.

2 Aufkochen lassen und zugedeckt etwa 20 Minuten köcheln lassen. Restliche Butter in einem zweiten Topf erhitzen. Sultaninen und Mandeln einrühren.

3 Hähnchenbrust waschen, trockentupfen und klein würfeln. Geflügel in den Topf geben und ebenfalls von allen Seiten anbraten.

4 Das Fleisch-Sultaninen-Mandel-Gemisch unter den Reis rühren und alles noch einige Minuten ziehen lassen.

Vergessen werden Musik und Vergnügen, vergessen Dienste; aber drei Dinge werden nicht vergessen: Salz, Öl und Holz.

Indisches Sprichwort

Hähnchen in Kokosnusssauce

Murg Nirigel Kari

Zubereitungszeit:
40 Minuten

- **2 Zwiebeln**
- **1 Knoblauchzehe**
- **2 grüne Chilischoten**
- **175 g Champignons**
- **250 g Tomaten**
- **4 Hähnchenbrustfilets (ohne Haut)**
- **6 EL Öl**
- **1 EL fein gehackte Ingwerwurzel**
- **1–2 TL Chilipaste (aus dem Glas)**
- **2 TL mittelscharfes Currypulver**
- **2 TL gemahlener Koriander**
- **½ TL gemahlener Zimt**
- **1 EL Sesamsamen**
- **150 ml Hühnerbrühe**
- **300 ml Kokosmilch**
- **Salz**
- **einige gehackte Korianderblätter**

1 Zwiebeln und Knoblauch schälen, Zwiebeln in feine Scheiben schneiden, Knoblauch durch eine Presse drücken. Chilischoten aufschneiden, entkernen und fein hacken. Champignons putzen und in Scheiben schneiden. Tomaten halbieren, von den Stielansätzen befreien und klein hacken.

2 Hähnchenfilets waschen und trockentupfen. Jedes Filet schräg in 3 Stücke schneiden. 4 Esslöffel vom Öl in einem Topf erhitzen und Hähnchen darin von allen Seiten goldgelb anbraten. Aus dem Topf nehmen und beiseite stellen.

3 Restliches Öl in den Topf geben und Zwiebeln, Knoblauch, Ingwer, Chilis, Champignons, Chilipaste, Currypulver, Koriander, Zimt und Sesam 3 Minuten bei schwacher Hitze darin dünsten.

4 Brühe, Tomaten und Kokosmilch zugeben, mit Salz abschmecken und aufkochen.

5 Hähnchenteile wieder in den Topf legen und bei schwacher Hitze 12 Minuten offen köcheln lassen, bis das Fleisch gar und die Sauce eingedickt ist. Mit Koriandergrün bestreuen.

Tipp

Ein Hauptgericht für einen festlichen Anlass, das sich schnell zubereiten lässt.

Karahi-Hähnchen

Karai Murg

Für 4–6 Portionen

Zubereitungszeit:
25 Minuten

3 Knoblauchzehen
1 Zwiebel
2 EL Butter oder Öl
2 EL Garam Masala
1 TL gemahlener Koriander
½ TL getrocknete Minze
1 Lorbeerblatt
750 g Hähnchenfleisch (ohne Knochen)
200 ml Hühnerbrühe
1 EL gehackte Korianderblätter

1 Knoblauch und Zwiebel abziehen und fein hacken. Butter oder Öl in einem Karahi, einem Wok oder einer großen tiefen Pfanne erhitzen. Knoblauch und Zwiebel darin 5 Minuten goldbraun dünsten.

2 Garam Masala, Koriander, Minze und Lorbeerblatt unterrühren. Hähnchen waschen, trockentupfen und in Würfel schneiden. Fleisch ebenfalls in die Pfanne geben und bei großer Hitze 5 Minuten braten.

3 Brühe zugießen und 10 Minuten köcheln lassen, bis die Sauce andickt und klarer Saft austritt, wenn man in das Hähnchenfleisch sticht.

4 Frisches Koriandergrün unterrühren, mit Salz abschmecken und sofort servieren. Dazu Naanbrot oder Chapatis reichen.

Tipp

Ein Karahi ist eine Metallpfanne mit zwei Griffen, die an einen Wok erinnert.

Man kann nicht die eine Hälfte
des Huhns zum Kochen
und die andere zum Eierlegen haben.

INDISCHES SPRICHWORT

Hühnchen-Tikka

Murgtikka

Für 12 Spieße

Zubereitungszeit:
30 Minuten

- **½ Zwiebel**
- **2 Knoblauchzehen**
- **750 g filetierte Hähnchenschenkel**
- **1 EL geriebene Ingwerwurzel**
- **2 EL Zitronensaft**
- **3 TL gemahlener Koriander**
- **3 TL gemahlener Kreuzkümmel**
- **3 TL Garam Masala**
- **100 g Joghurt**
- **1 TL Salz**

1 Zwiebel und Knoblauch schälen und fein hacken. Hähnchen waschen, trockentupfen und in 3 Zentimeter große Würfel schneiden. 12 Holzspieße in Wasser einweichen.

2 Zwiebel, Knoblauch, Ingwer, Zitronensaft, Koriander, Kreuzkümmel und Garam Masala in einer Küchenmaschine zerkleinern und mit Joghurt und Salz verrühren.

3 Fleischwürfel auf die Spieße stecken. Diese in eine große Auflaufform legen und mit der Gewürzmischung bestreichen. Zugedeckt mindestens 4 Stunden im Kühlschrank marinieren, am besten über Nacht.

4 Spieße auf einen heißen Grill legen oder in einer Pfanne von beiden Seiten 5 Minuten braten.

Tipp

Reichen Sie zu den Spießen Brot und frischen Salat.

Balti-Hühnchen

Balti Murg

Zubereitungszeit:
20 Minuten

2 Knoblauchzehen
2 mittelgroße Zwiebeln
1 kg filetierte Hähnchenschenkel
2 EL Butter oder Öl
1 Zimtstange
½ TL Kardamomsamen
1 EL Garam Masala
1 TL Sesamsamen
1 TL Mohnsamen
½ TL Fenchelsamen
3 EL Balti-Masala-Paste
¼ l Hühnerbrühe
¼ l Sahne
1 EL gehackte Korianderblätter
Salz und Pfeffer

1 Knoblauch und Zwiebeln schälen, Knoblauch zerdrücken, Zwiebeln in feine Scheiben schneiden. Hähnchen waschen, trockentupfen und in 3 Zentimeter große Würfel schneiden.

2 Butter oder Öl in einem Wok oder großen Topf erhitzen, Knoblauch, Zimtstange, Kardamom, Garam Masala, Sesam, Mohn und Fenchel bei mittlerer Hitze darin 1 Minute unter Rühren anbraten. Zwiebeln zugeben und bei schwacher Hitze in 10 Minuten weich dünsten.

3 Balti-Masala-Paste und Hähnchenfleisch zur Zwiebel-Gewürz-Mischung geben und 5 Minuten köcheln lassen. Brühe zugießen und zugedeckt weitere 20 Minuten leise köcheln lassen.

4 Sahne einrühren und weitere 10 Minuten köcheln lassen. Gelegentlich umrühren.

5 Koriander unterrühren, mit Salz und Pfeffer abschmecken. Dazu Naanbrot reichen.

Tipp

Die Masala-Paste können Sie auch selbst herstellen, allerdings ist die Zubereitung etwas aufwändiger:

4 Esslöffel Koriandersamen, 2 Esslöffel Kreuzkümmelsamen, 2 zerkrümelte Zimtstangen, je 2 Teelöffel Fenchelsamen, schwarze Pfefferkörner und Kardamomsamen, 1 Teelöffel Bockshornkleesamen, 6 Gewürznelken, 4 Lorbeerblätter und 20 Curryblätter in einen kleinen Topf geben.

Trocken rösten, bis die Gewürze ihr Aroma entfalten. Die Gewürze anschließend in einem Mörser zerstoßen und abkühlen lassen, bevor Sie diese zu Pulver vermahlen.

Je 4 Teelöffel gemahlene Kurkuma und Knoblauchpulver, 2 Teelöffel gemahlenen Ingwer, 1½ Teelöffel Chilipulver und ¼ Liter Essig zufügen und gut vermischen.

¼ Liter Öl im Topf erhitzen. Die Paste einrühren und 5 Minuten unter Rühren braten. In Gläser füllen und verschließen.

Frittierte Hähnchen

Bhaji Murg

Für 6 Portionen

Zubereitungszeit:
30 Minuten

6 Knoblauchzehen

6 kleine Hähnchenschenkel (à 150 g)

1 gehäufter EL geriebene Ingwerwurzel

½ TL Salz

½ TL Pfeffer

3 EL Zitronensaft

125 g Joghurt

80 g Kichererbsenmehl

1 TL Backpulver

1 TL Garam Masala

¼ TL gemahlene Kurkuma

2 Eier

2 EL Joghurt

Öl zum Frittieren

1 Knoblauch abziehen und zerdrücken. Hähnchen enthäuten und in jeden Schenkel 3 tiefe Einschnitte machen.

2 In einer großen Schüssel Knoblauch, Ingwer, Salz, Pfeffer, Zitronensaft und Joghurt mischen. Hähnchenschenkel darin gründlich wenden und zugedeckt 3 Stunden marinieren.

3 Für den Teig Kichererbsenmehl, Backpulver, Garam Masala und Kurkuma in eine Schüssel geben. In die Mitte eine Vertiefung machen, die mit 60 Milliliter Wasser und Joghurt verrührten Eier in die Vertiefung geben und alles zu einem glatten Teig verrühren.

4 Öl in einem Topf erhitzen. Jeden Hähnchenschenkel in den Teig tauchen und nach und nach im heißen Öl 8 – 10 Minuten frittieren, bis die Hähnchenschenkel knusprig sind.

Tipp

Zu Bhaji Murg passt Mango-Chutney sehr gut.

Der Heuchler bittet immer um den Vogel, aber der wackere Mann bittet um Pfeil und Bogen.

Indisches Sprichwort

Hackfleischröllchen nach Kaschmir-Art

Kashmiri Kebab

Zubereitungszeit:
30 Minuten

1 kg Hackfleisch vom Lamm

1 EL geriebene Ingwerwurzel

1 EL gemahlener Kreuzkümmel

1 EL gemahlener Koriander

¼ TL gemahlene Nelken

¼ TL gemahlener Zimt

1 Prise Muskatnuss

¼ TL gemahlener schwarzer Pfeffer

1 TL Salz

¼ TL Cayennepfeffer

5 EL Joghurt, 7 EL Öl

1 Zimtstange

6 Kardamomkapseln

2 Lorbeerblätter

6 Gewürznelken

1 In einer großen Schüssel Hackfleisch, Ingwer, Kreuzkümmel, Koriander, Nelken, Zimt, Muskat, Pfeffer, Salz, Cayennepfeffer und gut die Hälfte des Joghurts vermischen. Die Zutaten gut miteinander verkneten und aus dem Teig 24 Röllchen formen (etwa 2–3 Zentimeter dick und 7–8 Zentimeter lang).

2 Öl in einem großen Topf erhitzen. Zimtstange, Lorbeerblätter und Gewürznelken hineingeben. Fleischröllchen in das Öl tauchen und von allen Seiten leicht bräunen.

3 Restlichen Joghurt mit ¼ Liter warmem Wasser verrühren und über die Röllchen gießen. Aufkochen und zugedeckt bei schwacher Hitze etwa 30 Minuten köcheln lassen, dabei die Röllchen ab und zu vorsichtig wenden. Zum Schluss sollte die Flüssigkeit vollständig verdampft sein.

4 Röllchen mit einem Schaumlöffel aus dem Fett nehmen, die nicht zerkochten Gewürze entfernen.

Tipp

Reichen Sie dazu Basmatireis und Möhren- oder Zwiebelsalat.

Erst Gott, dann essen!

INDISCHES SPRICHWORT

Vindaloo-Curry

Vindaloo Kari

Für 4–6 Portionen

Zubereitungszeit:
45 Minuten

750 g Schweinefleisch (ohne Knochen)

1 große Zwiebel

4 Knoblauchzehen

2 Tomaten

250 g Kartoffeln

100 ml Öl

120 ml Weißweinessig

2 TL Kreuzkümmelsamen

4 getrocknete rote Chilischoten

1 TL schwarze Pfefferkörner

6 grüne Kardamomkapseln

1 Zimtstange

1 TL schwarze Senfkörner

3 Gewürznelken

1 TL Bockshornkleesamen

2 EL Butter

1 EL geriebene Ingwerwurzel

1 EL gemahlener Koriander

1 TL brauner Zucker

½ TL gemahlene Kurkuma

1 Schweinefleisch waschen, trockentupfen und in mundgerechte Stücke schneiden. Zwiebel und Knoblauch schälen, Zwiebel in Ringe schneiden, Knoblauch fein hacken.

2 Tomaten kurz in kochendem Wasser blanchieren, mit kaltem Wasser abschrecken und häuten, anschließend klein schneiden. Kartoffeln waschen, schälen und in 1 Zentimeter große Würfel schneiden.

3 Öl in einer Pfanne erhitzen und die Zwiebel darin goldbraun braten. Beiseite stellen. In einer Schüssel 2 Esslöffel vom Essig mit 1 Esslöffel Wasser verrühren. Schweinefleisch sorgfältig unterheben. Beiseite stellen.

4 Zwiebel, Kreuzkümmel, Chilischoten, Pfefferkörner, Kardamom, Zimt, Senfkörner, Gewürznelken und Bockshornklee im Mixer zu einer feinen Paste pürieren. Restlichen Essig unterrühren.

5 Butter in einem Topf erhitzen und das Schweinefleisch von allen Seiten darin anbraten. Knoblauch, Ingwer und Koriander zugeben und so lange rühren, bis die Gewürze ihr Aroma entfalten. Dann Tomaten, Kartoffeln, Zucker, Kurkuma und 300 Milliliter Wasser untermengen.

6 Mit Salz abschmecken und aufkochen. Gewürzpaste unterrühren und bei mittlerer Hitze zugedeckt 1 Stunde köcheln lassen, bis das Fleisch zart ist.

Tipp

Dieses klassisch scharfe Curry aus dem südindischen Goa schmeckt mit Basmatireis und Pickles. Die Silbe »Vin« bezieht sich auf den Essig, der als Zartmacher dazugegeben wird.

Schweinefleisch scharf-sauer à la Goa

Goa Vindaloo

Für 6 Portionen

Zubereitungszeit:
40 Minuten

1 kg Schweineschulter
5 Zwiebeln
3 Knoblauchzehen
2 TL Kreuzkümmelsamen
3 getrocknete Chilischoten
1 TL Pfefferkörner
1 TL Kardamomsamen
1 Zimtstange
1½ TL braune Senfkörner
1 TL Bockshornkleesamen
5 EL Weißwein
1 TL brauner Zucker
1 TL Salz
10 EL Öl
1 Stück Ingwerwurzel
1 EL gemahlener Koriander
½ TL gemahlene Kurkuma

1 Fleisch waschen und trockentupfen. In etwa 2½ Zentimeter große Würfel schneiden. Zwiebeln abziehen, halbieren und in halbe Ringe schneiden. Knoblauch schälen.

2 Für die Vindaloo-Paste Kreuzkümmel, Chilis, Pfefferkörner, Kardamom, Zimt, Senfkörner und Bockshornkleesamen in einer Kaffee- oder Gewürzmühle fein mahlen. In eine Schüssel geben, Weißwein, braunen Zucker und Salz unterrühren. Zutaten gut vermengen.

3 Öl in einem großen Topf erhitzen. Zwiebeln darin unter Rühren knusprig braun dünsten, anschließend mit einem Schaumlöffel herausheben. Zwiebeln mit 2 Esslöffeln Wasser im Mixer pürieren. Das Zwiebelpüree zu den gemahlenen Gewürzen in die Schüssel geben.

4 Für die Ingwer-Knoblauch-Paste Ingwer schälen und fein hacken. Ingwer, Knoblauch und 2 Esslöffel Wasser im Mixer pürieren, bis eine glatte Paste entsteht.

5 Topf mit dem Öl bei mittlerer Hitze wieder erwärmen. Fleischwürfel hineingeben und von allen Seiten leicht bräunen. Mit einem Schaumlöffel herausheben, in eine Schüssel geben und beiseite stellen. Ingwer-Knoblauch-Paste in das Öl im Topf unterrühren. Koriander und Kurkuma zugeben. Fleisch, Vindaloo-Paste und ¼ Liter Wasser hinzufügen. Alles zum Kochen bringen. Zugedeckt etwa 1 Stunde leicht köcheln lassen, bis das Fleisch weich ist. Dabei gelegentlich umrühren.

Tipp

Zu diesem Gericht passen Basmatireis und indisches Brot.

Bombay-Curry

Mumbai Kari

Für 4–6 Portionen

Zubereitungszeit:
30 Minuten

2 Zwiebeln
2 Knoblauchzehen
2 grüne Chilischoten
1 EL Butter oder Öl
1 EL geriebene Ingwerwurzel
1½ TL gemahlene Kurkuma
1 TL gemahlener Kreuzkümmelsamen
1 TL gemahlener Koriandersamen
1 TL Chilipulver
1 kg Rind- oder Lammfleisch
1 TL Salz
400 g Tomaten (aus der Dose)
¼ l Kokosmilch
einige Korianderblätter

1 Zwiebeln und Knoblauch schälen, Zwiebeln fein hacken, Knoblauch zerdrücken. Chilischoten aufschneiden, entkernen und fein hacken.

2 Butter oder Öl in einem Topf erhitzen und Zwiebeln bei mittlerer Hitze darin glasig dünsten. Knoblauch, Chilis, Ingwer, Kurkuma, Kreuzkümmel, Koriander und Chilipulver zugeben. So lange rühren, bis alles erhitzt ist.

3 Fleisch waschen, trockentupfen und in mundgerechte Stücke schneiden. Fleisch in den Topf geben und so lange unter Rühren anbräunen, bis es mit den Gewürzen überzogen ist.

4 Salz und Tomaten mit Saft zugeben. Tomaten mit dem Holzlöffel leicht zerdrücken. Zugedeckt etwa 90 Minuten köcheln lassen, bis das Fleisch zart ist.

5 Kokosmilch in die Sauce rühren. Offen weitere 5 Minuten köcheln lassen, bis die Sauce leicht eingedickt ist. Mit Koriander bestreuen.

Variation

Sie können das Curry auch mit Cashewnüssen bestreuen.

Alle zehn Finger braucht man zum Essen, aber der Daumen ist es, der die Speisen in den Mund schiebt.

INDISCHES SPRICHWORT

Madras-Curry

Madraskari

Zubereitungszeit:
25 Minuten

1 kg Rinderschmorbraten
25 g gemahlener Koriander
6 TL gemahlener Kreuzkümmel
1 TL Senfkörner
½ TL zerstoßene schwarze Pfefferkörner
1 TL Chilipulver
1 TL gemahlene Kurkuma
1 TL Salz
2 TL zerdrückter Knoblauch
2 TL geriebene Ingwerwurzel
2–3 EL Essig
1 EL Butter oder Öl
1 Zwiebel
60 g Tomatenmark
¼ l Fleischbrühe

1 Fleisch waschen und trockentupfen, von größeren Fettstücken und Sehnen befreien und in mundgerechte Stücke schneiden.

2 Koriander, Kreuzkümmel, Senfkörner, Pfefferkörner, Chilipulver, Kurkuma, Salz, Knoblauch und Ingwer in einer Schüssel mischen. Essig zugeben und alles zu einer glatten Paste verrühren.

3 Öl oder Butter in einem Topf erhitzen. Zwiebel schälen, fein hacken und im Öl glasig dünsten. Gewürzpaste zugeben und 1 Minute unterrühren.

4 Fleisch zugeben und unter Rühren aufkochen, bis es mit der Gewürzpaste überzogen ist. Tomatenmark und Brühe einrühren, zugedeckt etwa 90 Minuten köcheln lassen, bis das Fleisch gar ist.

Tipp

Zum scharfen Curry können Sie Basmatireis reichen.

Ein Koch und ein Besen in Eile,
und der Ehemann geht fasten;
ein langsamer Koch und ein Besen,
und er isst drei Mahlzeiten am Tage.

Indisches Sprichwort

Rindfleisch mit Joghurt

Dahi Beef

Zubereitungszeit:
30 Minuten

½ mittelgroße Aubergine

1 Knoblauchzehe

150 g Joghurt

1 EL gehackte Korianderblätter

Salz und Pfeffer aus der Mühle

500 g Rumpsteak

2 Zwiebeln

2 Knoblauchzehen

4 EL Butter oder Öl

150 ml Rinderbrühe

250 g Tomaten (aus der Dose)

2 EL mittelscharfe Currypaste

1 TL Chilipaste

1 Für die Sauce Aubergine schälen und in 2 Zentimeter große Stücke schneiden. Auberginen über kochendem Wasser in einem Dämpfeinsatz etwa 10 Minuten garen. Knoblauch abziehen und zerdrücken.

2 Joghurt mit Knoblauch und Koriander in einer Schüssel verrühren und mit Salz und Pfeffer abschmecken. Gedämpfte Aubergine etwas abkühlen lassen, mit einer Gabel leicht zerdrücken und unter den Joghurt rühren.

3 Rumpsteak waschen, trockentupfen und schnetzeln. Zwiebeln und Knoblauch schälen und fein hacken.

4 Butter oder Öl in einer großen Pfanne erhitzen. Fleisch und Zwiebeln hineingeben und 5 Minuten unter Rühren braten. Knoblauch, Brühe, Tomaten, Curry- und Chilipaste unterrühren und aufkochen.

5 Zugedeckt bei schwacher Hitze 5 Minuten köcheln lassen. Heiß servieren und dazu die Auberginen-Joghurt-Sauce reichen.

Lammgulasch mit Linsen

Dal Gosht

Zubereitungszeit:
40 Minuten

125 g gelbe Spliterlinsen
750 g mageres Lammfleisch (ohne Knochen)
1 Zwiebel
1 Knoblauchzehe
1 frische grüne Chilischote
2 EL Öl
1 TL Kreuzkümmelsamen
2 Lorbeerblätter
1 Zimtstange
1 TL Salz
¼ TL gemahlene Kurkuma
1 TL Chilipulver
½ TL Garam Masala
1 EL gehackte Korianderblätter

1 Linsen 6 Stunden in Wasser einweichen.

2 Lammfleisch waschen, trockentupfen und in mundgerechte Stücke schneiden.

3 Zwiebel und Knoblauch schälen und fein hacken. Chilischote aufschneiden, entkernen und in Streifen schneiden.

4 Öl in einem Topf erhitzen und Kreuzkümmelsamen, Lorbeerblätter und Zimt hineingeben. So lange braten, bis die Samen aufplatzen. Zwiebel zugeben und bräunen.

5 Fleisch in den Topf geben und gleichmäßig bräunen. Linsen abgießen und unter das Fleisch rühren. Salz, Chili, 1¼ Liter Wasser, Knoblauch, Kurkuma und Chilipulver zugeben. Aufkochen lassen und anschließend etwa 60 Minuten köcheln lassen.

6 Garam Masala unterrühren. Weitere 5 Minuten garen, dann frischen Koriander zugeben.

Nahrung ohne Gastfreundschaft ist Arznei.

INDISCHES SPRICHWORT

Lamm mit Zwiebeln

Piadsch Gosht

1 Zwiebeln und Knoblauch schälen. Zwiebeln in feine Scheiben schneiden, 2 Knoblauchzehen ganz lassen, 2 zerdrücken. Chilischoten aufschneiden, entkernen und fein hacken. Lammfleisch waschen, trockentupfen und in mundgerechte Stücke schneiden.

2 Butter in einem Topf erhitzen und 1 Zwiebel und die ganzen Knoblauchzehen darin 2–3 Minuten anbraten. Lamm zugeben und von allen Seiten anbraten. Lamm, Zwiebel und Knoblauch herausnehmen und beiseite stellen.

3 Backofen auf 180 °C vorheizen. Chilipulver, Ingwer, Chilis und Kurkuma in den Topf geben und weitere 30 Sekunden unter Rühren erhitzen. Reichlich Salz und Pfeffer, Joghurt, Gewürznelken, Zimt und 300 Milliliter Wasser zugeben.

4 Lamm, Zwiebeln und Knoblauch wieder in den Topf geben. Aufkochen und 10 Minuten offen köcheln lassen.

5 Alles in eine feuerfeste Form geben und im Backofen 40 Minuten garen.

6 Die übrigen Zwiebeln unterrühren und offen weitere 40 Minuten garen. Frischen Koriander und Zitronensaft unterrühren.

Zubereitungszeit:
30 Minuten

2 große Zwiebeln

4 Knoblauchzehen

2 grüne Chilischoten

750 g Lammfleisch (ohne Knochen)

2 EL Butter

1 TL Chilipulver

1 EL geriebene Ingwerwurzel

½ TL gemahlene Kurkuma

180 g Joghurt

2 Gewürznelken

1 Zimtstange

2 EL gehackte Korianderblätter

3 EL Zitronensaft

Salz und Pfeffer

Lamm mit Tomaten

Tamatar Gosht

Für 4 – 6 Portionen

Zubereitungszeit:
25 Minuten

8 rote Chilischoten
1 Zwiebel
6 Knoblauchzehen
750 g Lammfleisch (ohne Knochen)
4 EL Butter
1 gehäufter EL geriebene Ingwerwurzel
1 TL gemahlene Kreuzkümmelsamen
1 TL gemahlene Koriandersamen
1 TL gemahlene Bockshornkleesamen
1 TL Garam Masala
425 g Tomaten (aus der Dose)
1 EL Tomatenketchup
1 EL Tomatenmark

1 Backofen auf 180 °C vorheizen. Die Hälfte der Chilischoten aufschneiden, entkernen und fein hacken. Zwiebel und Knoblauch abziehen und fein hacken.

2 Lammfleisch waschen, trockentupfen und in mundgerechte Stücke schneiden.

3 Die Hälfte der Butter in einem Topf erhitzen und Zwiebel, Knoblauch und Ingwer zugeben. Bei mittlerer Hitze goldgelb braten.

4 Kreuzkümmel, Koriander, Bockshornklee und Garam Masala in die Zwiebelmischung rühren, bei mittlerer Hitze 10 Minuten offen köcheln lassen.

5 Tomaten, Ketchup und Tomatenmark sowie die ganzen und gehackten Chilis unterrühren und aufkochen lassen. Bei schwacher Hitze etwa 10 Minuten offen köcheln lassen.

6 Restliche Butter in einer hitzebeständigen Kasserolle erhitzen und das Fleisch darin portionsweise anbraten. Sauce zum Fleisch geben und zugedeckt im Backofen etwa 90 Minuten garen.

Würde jeder seinen Besitz
auf das einschränken,
was er braucht, so müsste
niemand in Not leben,
und alle wären zufrieden.

MAHATMA GANDHI (1869 – 1948)

Hackfleisch am Spieß

Sheek Kebabs

1 Zwiebel abziehen und fein würfeln. Koriander, Kreuzkümmel, Nelke und Ingwer im Mörser zerstoßen oder im Mixer mahlen. Chilischote aufschneiden, entkernen und fein hacken, mit Kurkuma, Zimt, Pfeffer und Salz unterrühren.

2 Gewürze unter das Hackfleisch kneten, das Ei und die Zwiebel untermengen.

3 Fleischmischung achteln. Eine Portion zu einer etwa 10 Zentimeter langen und 2½ Zentimeter dicken Form um einen geölten Spieß wickeln. Diesen Vorgang mit den restlichen Portionen wiederholen. 1 Stunde im Kühlschrank ruhen lassen.

4 Kebabs im vorgeheizten Grill bei mittlerer Hitze etwa 20 Minuten garen.

Tipp

Servieren Sie dazu Salat und Gurkenraita.

Zubereitungszeit:
25 Minuten

1 Zwiebel

1 TL Koriandersamen

TL Kreuzkümmelsamen

1 Gewürznelke

1 EL gehackte Ingwerwurzel

1 frische rote Chilischote

1 TL gemahlene Kurkuma

½ TL gemahlener Zimt

1 TL Pfeffer

½ TL Salz

125 g Hackfleisch vom Rind

350 g Hackfleisch vom Lamm

1 Ei

Gewürzte Lammkeule

Tikka Gosht

Für 6 Portionen

Zubereitungszeit:
40 Minuten

2 kg Lammkeule
1 EL Zitronensaft
schwarzer Pfeffer
1 ganze ungeschälte Knoblauchknolle
2 EL Butter oder Öl
1½ EL gemahlener Koriander
2 TL gemahlener Kreuzkümmel
2 Zimtstangen
2 Gewürznelken
4 Lorbeerblätter
4 Kardamomkapseln
1 TL Chilipulver
125 g Joghurt

1 Den Backofen auf 180 °C vorheizen. Lammkeule waschen und trockentupfen. Überschüssiges Fett abschneiden. Lamm von allen Seiten mit Zitronensaft und Pfeffer einreiben und mit der Butter oder dem Öl und der Knoblauchknolle in einen Bräter geben. Etwa 50 Minuten im Backofen garen.

2 Den Bräter aus dem Backofen holen. Die weich gekochte Masse des Knoblauchs aus der Schale drücken und auf dem Fleisch verteilen. Koriander und Kreuzkümmel darüber streuen. Zimt, Nelken, Lorbeer, Kardamom und Chilipulver zugeben.

3 Das Lamm weitere 50 Minuten braten, dabei gelegentlich mit dem Bratensaft begießen. Herausnehmen und vor dem Zerlegen 10 – 15 Minuten ruhen lassen.

4 375 Milliliter Wasser in den Bräter gießen und mit dem Bratensaft verrühren. Aufkochen und eindicken lassen. Ganze Gewürze entfernen und mit Salz und Pfeffer abschmecken. Joghurt unterrühren und die Sauce erhitzen. Sauce über das zerlegte Lammfleisch träufeln.

Tipp

Reichen Sie dazu Basmatireis oder gewürzte Kartoffeln. Als Gemüsebeilage eignen sich Auberginen oder Okra.

Wer den Löffel hält, regiert alle.

INDISCHES SPRICHWORT

Meine Notizen

Beilagen und Brot

Saath Ka Khana Aur Roti

Eine Vielzahl vor allem vegetarischer Beilagen und Appetithäppchen bereichern indische Menüs. Die kleinen Köstlichkeiten lassen sich vor und zum Hauptgericht knabbern. Brot – von papierdünnen Parathas bis zu aufgegangenen Naan-Broten – gehört vor allem in Nordindien als Beilage zu jeder Mahlzeit dazu. Die meisten Brote sind sehr flach und rund, oft ähneln sie Fladen oder Pfannkuchen. Sie werden fettlos oder mit ein wenig Öl in der Pfanne gebraten, andere frittiert, sodass knusprige Teighüllen entstehen.

Zwiebel-Bhajis

Piadsch Bhaji

Für 12 Stück

Zubereitungszeit:
25 Minuten

125 g Kichererbsenmehl
¼ TL Cayennepfeffer
½ TL gemahlener Koriander
½ TL gemahlener Kreuzkümmel
1 EL gehackte Minzeblätter
Salz und schwarzer Pfeffer
4 EL Joghurt
1 große Zwiebel
Pflanzenöl zum Frittieren

1 Kichererbsenmehl in eine Schüssel geben. Cayennepfeffer, Koriander, Kreuzkümmel und Minze zugeben und mit Salz und Pfeffer würzen. Joghurt und 70 Milliliter kaltes Wasser unterrühren. Zwiebel schälen und klein schneiden, ebenfalls unterrühren.

2 Öl in eine tiefe Pfanne oder einen Topf geben und erhitzen. Portionsweise 2 gehäufte Esslöffel von der Masse in das siedende Öl geben und die Masse während des Frittierens mit zwei Gabeln zu kleinen Bällchen formen.

3 Bhajis so lange frittieren, bis sie goldbraun sind. Herausnehmen, auf Küchenpapier abtropfen lassen und servieren.

Tipp

Bhajis sind Bällchen mit gebratenem Gemüse. Sie können kalt und heiß genossen werden.

Arbeit ist bitter,
aber süß das Brot,
das man durch sie kauft.

Indisches Sprichwort

Gefüllte Pasteten

Samosas

Für 12 Stück

Zubereitungszeit:
35 Minuten

Für die Füllung:

350 g Kartoffeln

1 Zwiebel

1 Knoblauchzehe

60 g ungesalzene Cashewkerne

125 g Erbsen (tiefgekühlt)

50 ml Öl

1 EL fein gehackte Ingwerwurzel

1 TL Garam Masala

2 TL milde Currypaste

½ TL Kreuzkümmelsamen

2 TL Zitronensaft

Salz

Pflanzenöl zum Ausbacken

einige Korianderblätter

Für die Teigtaschen:

250 g Mehl

60 g Butter

75 ml warme Milch

1 Kartoffeln waschen, schälen und in Würfel schneiden. Zwiebel und Knoblauch schälen und fein hacken. Cashewkerne grob hacken.

2 Kartoffeln 5 Minuten in kochendem Salzwasser garen. Erbsen zu den Kartoffeln geben und noch so lange garen, bis die Kartoffeln weich sind. Erbsen und Kartoffeln in ein Sieb schütten und gut abtropfen lassen.

3 Öl in einer Pfanne erhitzen, Zwiebel, Kartoffel-Erbsen-Mischung, Knoblauch, Ingwer, Garam Masala, Currypaste und Kreuzkümmelsamen zugeben und 3 Minuten braten. Zitronensaft unterrühren und bei schwacher Hitze 3–5 Minuten offen köcheln lassen. Pfanne vom Herd nehmen, Kartoffeln und Erbsen leicht zerstampfen und die Nüsse unterrühren. Mit Salz abschmecken.

4 Für den Teig Mehl in eine Schüssel geben und die Butter mit den Fingern unterkneten. Milch zugießen und alles zu einem Teig verkneten, in 6 Portionen teilen. Jede Portion zu einer Kugel formen und auf einer leicht bemehlten Arbeitsfläche zu einem Kreis von etwa 18 Zentimeter Durchmesser ausrollen. Jeden Kreis halbieren.

5 Die Füllung gleichmäßig auf die Halbkreise legen, die Teigränder frei lassen. Teigränder mit Wasser bepinseln, den anderen Halbkreis auflegen und die Ränder fest zusammendrücken.

6 Einen großen Topf mit Öl füllen und dieses auf 180 °C erhitzen. Samosas portionsweise im Öl goldbraun backen. Auf Küchenpapier abtropfen lassen. Mit Korianderblättern garnieren.

Tipp

Samosas sind indische Teigtaschen, die mit diversen Zutaten gefüllt sein können, zum Beispiel Kartoffeln, Gemüse oder Obst. Sie werden auch oft als Vorspeise und zusammen mit einem Chutney serviert.

Gefüllte Parathas

Paratha

Für 6–8 Portionen

Zubereitungszeit:
30 Minuten

1 Zwiebel
250 g Weizenvollkornmehl
250 g Weizenmehl Type 405
Salz und Pfeffer
1 EL Butter
1 Zimtstange
1 Lorbeerblatt
1 getrocknete rote Chilischote
½ TL gemahlene Kurkuma
1 TL gemahlener Koriandersamen
1 TL gemahlener Kreuzkümmel
500 g Rinderhackfleisch
150 g Joghurt
125 g Erbsen (tiefgekühlt)
60 g zerlassene Butter
1 EL gehackte Korianderblätter

1 Zwiebel schälen und fein hacken.

2 Beide Mehlsorten mit etwas Salz in eine Schüssel geben und in die Mitte eine Vertiefung drücken. Nach und nach 120–180 Milliliter Wasser zugeben und die Zutaten zu einem weichen Teig verarbeiten. Der Teig sollte nicht mehr an den Händen kleben.

3 Butter in einem Topf erhitzen und die Zwiebel darin goldbraun braten. Zimt, Lorbeer, Chilischote, Kurkuma, Koriandersamen, Kreuzkümmel und Hackfleisch zugeben und 2–3 Minuten unter Rühren anbraten. Joghurt unterziehen und bei starker Hitze 5 Minuten braten, dann Erbsen zugeben und weitere 8–10 Minuten garen.

4 Den Teig in 6–8 Portionen teilen. Jede Portion zu einer Kugel formen und zu einem 25 Zentimeter großen Kreis ausrollen. Obere Seite mit der Butter bepinseln, zusammenklappen und 1 Esslöffel von der Füllung in die Mitte jedes Halbkreises geben. Jede Hälfte erneut zusammenklappen, sodass keilförmige Brote entstehen.

5 Eine große Pfanne bei mittlerer Hitze erwärmen und ein Paratha hineingeben. Jede Seite mit etwas von der zerlassenen Butter bestreichen und etwa 3–4 Minuten backen (die Pfanne darf nicht zu heiß werden). Wenden und von der anderen Seite ebenfalls 3–4 Minuten backen. Warm stellen, bis alle Parathas fertig sind. Mit gehacktem Koriander garnieren.

Tipp

Der Teig muss so lange geknetet werden, bis er sehr glatt und geschmeidig ist. Rollen Sie ihn so dünn wie möglich aus.

Das beste Getreide wächst auf den Feldern der anderen, die besten Söhne sind zu Hause.

INDISCHES SPRICHWORT

Kartoffelplätzchen

Alur Chop

Zubereitungszeit:
20 Minuten

1 kg Kartoffeln

1 TL gemahlener Kreuzkümmel

1 TL Currypulver

½ TL geriebene Ingwerwurzel

1 Prise Chilipulver

1 Prise Salz

1 EL Öl

1 Kartoffeln waschen und in reichlich kochendem Salzwasser etwa 20 Minuten garen. Kartoffeln schälen und durch eine Presse drücken.

2 Mit der Hand Kreuzkümmel, Currypulver, Ingwer, Chilipulver und Salz unterkneten.

3 Mit befeuchteten Händen aus der Masse kleine Plätzchen von etwa 3–4 Zentimeter formen.

4 In einer Pfanne Öl erhitzen und die Plätzchen darin von beiden Seiten schön braun braten.

Würzige Nüsse

Chanachur

Zubereitungszeit:
10 Minuten

125 g gemischte Nüsse

1 getrocknete rote Chilischote

1 Knoblauchzehe

1 TL Sonnenblumenöl

½ TL Salz

1 TL Garam Masala

½ TL klarer Honig

1 Nüsse nach Bedarf schälen. Nüsse mischen und in einem Topf mit dickem Boden bei schwacher bis mittlerer Hitze erhitzen, bis sie Öl absondern (etwa 5 Minuten).

2 Chilischote aufschneiden, entkernen und fein hacken. Knoblauch schälen und fein hacken.

3 Öl, Knoblauch, Chili, Salz und Garam Masala zugeben und weitere 4 Minuten unter Rühren kochen. Honig unterrühren und weitere 2–3 Minuten köcheln lassen.

Hefebrot

Naan

Für 6 Portionen

Zubereitungszeit:
25 Minuten

150 ml lauwarme Milch
2½ EL Zucker
2 TL Trockenhefe
500 g Mehl
etwas Salz
1 TL Backpulver
2–3 EL Pflanzenöl
150 g Joghurt
1 Ei (Größe L)
Mehl zum Ausrollen

1 Milch in eine Schüssel gießen, ½ Esslöffel Zucker und Hefe einrühren. An einem warmen Ort 20 Minuten ruhen lassen, bis die Hefe sich aufgelöst hat und die Mischung schaumig wird.

2 Mehl in eine große Schüssel geben, ½ Teelöffel Salz und Backpulver untermischen. 2 Esslöffel Zucker, die Milch mit der aufgelösten Hefe, 2 Esslöffel Öl, den leicht geschlagenen Joghurt und das leicht verquirlte Ei zufügen. Zutaten 10 Minuten durchkneten, bis der Teig glatt und geschmeidig ist. ¼ Teelöffel Öl in eine Schüssel geben und die Teigkugel darin herumrollen. Die Schüssel mit Frischhaltefolie bedecken und den Teig an einem warmen Ort 1 Stunde so lange gehen lassen, bis sich das Volumen verdoppelt hat.

3 Teig aus der Schüssel nehmen und noch einmal durchkneten. Teig in 6 gleich große Kugeln teilen und mit einem Tuch bedecken.

4 Etwas Mehl auf die Arbeitsfläche geben und die erste Kugel dünn zu einem Kreis ausrollen. Eine beschichtete Pfanne ohne Fett heiß werden lassen. Ist die Pfanne heiß, den Fladen hineinlegen. Auf einer Seite braten, bis er Blasen wirft. Wenden und die andere Seite bräunen. Warm servieren.

Tipp

Naan-Brot schmeckt zu jeder Art von Curry oder zu Gerichten mit Sauce. Die fertigen Kugeln können Sie übrigens sehr gut in Frischhaltefolie eingewickelt einfrieren.

*Nötiger als Brot hat der Mensch,
in der Gesellschaft
erwünscht zu sein.*

MUTTER TERESA, ORDENSSCHWESTER (1910–1997)

Frittierte Vollkornbrote

Pooris

1 Mehl und Salz in eine Schüssel geben. Mit den Fingern Butter oder Öl unterarbeiten. Nach und nach ¼ Liter Wasser zugeben und alles zu einem festen Teig verarbeiten.

2 Teig auf einer leicht bemehlten Arbeitsfläche glatt kneten. Mit Frischhaltefolie abdecken und 50 Minuten ruhen lassen.

3 Teig in 18 Portionen aufteilen und jede zu einem 14 Zentimeter großen Kreis ausrollen. In eine tiefe Pfanne Öl geben und mäßig erhitzen. Die Fladen einzeln frittieren, bis sie aufgehen und goldbraun sind.

Für 18 Stück

Zubereitungszeit:
15 Minuten

375 g Weizenvollkornmehl
1 Prise Salz
1 EL Butter oder Öl
Öl zum Backen

Geschichtetes Brot

Parathas

1 Beide Mehlsorten mit dem Salz in eine Schüssel geben. Öl über das Mehl träufeln, 75 Milliliter lauwarmes Wasser zugeben und alles zu einem weichen Teig verarbeiten. Auf einer leicht bemehlten Arbeitsfläche glatt kneten, dann zugedeckt 30 Minuten ruhen lassen.

2 Teig auf einer bemehlten Arbeitsfläche erneut durchkneten und in 6 gleich große Portionen teilen. Jede Portion zu einer Kugel formen und auf einer leicht bemehlten Arbeitsfläche zu einem 15 Zentimeter großen Kreis ausrollen. Mit etwas Öl bestreichen.

3 Zweimal so falten, dass ein Dreieck entsteht. Zu 18 Zentimeter großen Dreiecken ausrollen (von der Spitze aus zur gegenüberliegenden Seite hin). Eventuell mit etwas Mehl bestäuben.

4 Eine große Pfanne mit etwas Öl einpinseln und erhitzen. 1–2 Parathas darin in 1–2 Minuten braten. Oberflächen mit ein wenig Öl bepinseln, wenden und von der anderen Seite noch einmal 2 Minuten braten.

5 Die fertigen Parathas auf einen Teller legen und mit Alufolie zudecken, während die restlichen Brote gebacken werden.

Für 6 Stück

Zubereitungszeit:
20 Minuten

90 g Weizenvollkornmehl
90 g Weizenmehl Type 405
1 Messerspitze Salz
1 EL Öl
Öl zum Bestreichen

Fladenbrote

Chapatis

Für 14 Stück

Zubereitungszeit:
10 Minuten

280 g Chapatimehl
1 Prise Salz
Öl zum Einfetten

1 Chapatimehl und Salz in eine Schüssel geben. Nach und nach ¼ Liter Wasser zugießen und unterarbeiten, bis ein fester Teig entsteht. Auf einer leicht bemehlten Arbeitsfläche glatt kneten. Mit Frischhaltefolie abdecken und 50 Minuten ruhen lassen.

2 In 14 Portionen aufteilen und jede zu einem 14 Zentimeter großen Kreis ausrollen. Eine heiße Bratpfanne mit etwas Öl einfetten und die Chapatis bei mittlerer Hitze braten. Die Oberfläche dabei flach drücken, bis beide Seiten goldbraun sind und sich Blasen bilden. In Alufolie eingewickelt (damit sie warm bleiben) als Beilage reichen.

Variation

Sie können auch ½ Teelöffel gemahlenen Kardamom unter den Teig mischen.

Parathas mit Kartoffeln

Alu Paratha

Für 8 Stück

Zubereitungszeit:
20 Minuten

500 g Kartoffeln
½ Zwiebel
1 kleine grüne Chilischote
185 g Weizenmehl Type 405
185 g Weizenvollkornmehl
2 TL Salz
110 g Butter
60 ml Öl
½ EL Currypulver
1 EL Zitronensaft

1 Kartoffeln waschen, schälen und in kleine Stücke schneiden. Zwiebel abziehen und fein hacken. Chilischote aufschneiden, entkernen und ebenfalls fein hacken.

2 Beide Mehlsorten mit 1 Teelöffel Salz, 80 Gramm von der Butter, Öl und ¼ Liter warmem Wasser vermengen. Den Teig 30 Minuten abgedeckt ruhen lassen.

3 Restliche Butter in einem Topf erhitzen und die Zwiebel darin anbraten. Chili, Currypulver und Zitronensaft zugeben, 1 Minute mitbraten. Salz und Kartoffeln zugeben und weiterbraten. Danach die Masse abkühlen lassen.

4 Teig zu 16 Fladen ausrollen (etwas mehr als ½ Zentimeter dick). 8 davon mit der Kartoffelfüllung bestreichen, dabei den Rand frei lassen, die anderen 8 Fladen darauf legen. Am Rand etwas festdrücken. Fladenbrote in der Pfanne in etwas Öl von beiden Seiten gleichmäßig bräunen.

Meine Notizen

Desserts und Getränke

Meetha Aur Sarbat

Indische Mahlzeiten werden traditionell mit einer sehr süßen Nachspeise oder mit Früchten abgerundet. Das einfachste und beliebteste Dessert ist ein gekühlter Kulfi oder Eiscreme. Erfrischende Getränke wie Lassis begleiten die Mahlzeit, Kaffee oder Tee beenden das Menü.

Kokosbällchen

Nariyel Kofta

Für 6 Portionen

Zubereitungszeit:
30 Minuten

2 EL Butter oder Öl
200 g Maisgrieß
50 g getrocknete Datteln
50 g Mandeln
50 g Marzipan
2 EL Honig
¼ TL gemahlener Zimt
¼ TL gemahlener Ingwer
¼ TL gemahlener Kardamom
1 Prise Salz
100 g Kokosraspel

1 Butter oder Öl in einem Topf erhitzen. Maisgrieß zugeben und unter ständigem Rühren anbräunen. Topf von der Herdplatte nehmen und unter ständigem Rühren etwa 400 Milliliter Wasser zugeben. Den Topf wieder auf die Herdplatte stellen und bei mittlerer Hitze so lange köcheln, bis der Grieß das Wasser vollständig aufgesogen hat. Den Grieß zum Nachquellen beiseite stellen.

2 Datteln entsteinen, in 200 Milliliter Wasser aufkochen und anschließend 10 Minuten zugedeckt quellen lassen. Danach die Datteln im Mixer pürieren.

3 Mandeln fein mahlen, Marzipan zerbröseln, beides mit den Datteln unter den Grieß rühren. Honig, Zimt, Ingwer, Kardamom und Salz erst zugeben, wenn die Masse nur noch handwarm ist. Dann nochmals gut durchrühren und weitere 10 Minuten abkühlen lassen.

4 In der Zwischenzeit eine Schüssel mit Kokosraspeln füllen. Nun mit feuchten Händen aus dem Grieß etwa 5 Zentimeter große Bällchen formen, nacheinander in Kokosraspeln wälzen und nebeneinander auf einen Teller legen. Alles etwa eine Stunde kühl stellen.

Wenn du Zucker nicht geben kannst, sprich Zucker.

INDISCHES SPRICHWORT

Milchbällchen in Sirup

Gulab Jamun

Zubereitungszeit:
30 Minuten

300 g Zucker
1 TL Rosenwasser
½ l Milch
4 grüne Kardamomkapseln
1½ Tassen Mehl
1 TL Backpulver
1 l Öl zum Frittieren

1 ½ Liter Wasser und Zucker in einem Topf erhitzen und ohne Deckel 5 Minuten kochen lassen. Den Sirup vom Herd nehmen und das Rosenwasser hinzufügen. Sirup in eine Schale geben, in der die Bällchen später serviert werden.

2 Milch in einem hohen Topf unter Rühren aufkochen. Weiter kochen lassen, bis die Milch leicht dicklich wird. Dann Topf beiseite stellen.

3 Kardamomkapseln aufbrechen und die schwarzen Samenkörner in einem Mörser zerstoßen. Mehl in eine Schüssel sieben. Mit Backpulver und Kardamom vermischen. Die Milch hinzugeben, mit der Hand durchkneten. Der Teig muss weich und klebrig sein, dann ist er richtig (wenn er zu fest ist, etwas Milch hinzufügen).

4 Mit nassen Händen aus dem Teig 2 Zentimeter große Bällchen formen. Mit einem feuchten Küchentuch abdecken.

5 Öl in einen großen Topf geben und auf mittlerer Stufe erhitzen. Bällchen hineingeben und etwa 15 Minuten darin frittieren, bis sie dunkelbraun sind und an der Oberfläche schwimmen. Fertige Bällchen aus dem Fett nehmen, abtropfen lassen und in den Sirup geben. Mindestens 2 Stunden darin ziehen lassen, damit sie viel vom Sirup aufnehmen. Dabei ab und zu wenden.

Tipp

Dekorieren Sie die Milchbällchen vor dem Servieren nach Wunsch mit Rosenblättern oder Mandel- oder Pistaziensplittern. Rosenwasser, eine verdünnte, aus Rosenblüten extrahierte Essenz, ist eine sehr beliebte Zutat in indischen Nachspeisen. Schon wenige Tropfen reichen aus, damit es sein unwiderstehliches Aroma entfaltet.

Bananenmarzipan

Kele ka Halwa

Zubereitungszeit:
10 Minuten

250 g geschälte Bananen
½ l Milch
⅛ l Sahne
100 g gemahlene Pistazien
20 g gemahlene Mandeln
180 g brauner Zucker
1 TL gemahlener Kardamom

1 Bananen in Stücke schneiden, pürieren und mit Milch und Sahne in einen Topf geben. Unter Rühren aufkochen und bei niedriger Hitze köcheln lassen, bis die Masse dickflüssig geworden ist, dabei gelegentlich umrühren.

2 Pistazien und Mandeln unterrühren und weitere 10 Minuten köcheln lassen. Zucker hinzufügen und noch einmal 10 Minuten köcheln lassen. Zum Schluss den Kardamom unterrühren.

Variation

Sie können die erkaltete Masse zu Kugeln formen und in gehackten Mandeln, Pistazien oder Sesam wälzen: ein köstliches Konfekt.

Bananen in Orangensauce

Kela Kamlanimboo Ka Raita

Zubereitungszeit:
15 Minuten

4 unbehandelte Orangen
1 EL gemahlener Zimt
2 TL gemahlener Kardamom
½ TL gemahlene Kurkuma
Butter für die Form
100 g Butter
55 g brauner Zucker
Saft von 1 Zitrone
4 feste Bananen
3 EL Kokosraspel

1 Orangen waschen, trockenreiben und die Schale grob abraspeln. Anschließend die Orangen halbieren und auspressen. Zimt, Kardamom und Kurkuma in einer kleinen Schüssel mischen.

2 Eine feuerfeste Form mit Butter einfetten und den Backofen auf 200 °C vorheizen. Butter, Zucker, Orangenschale, Orangen- und Zitronensaft in einer Pfanne erhitzen.

3 Bananen schälen und längs halbieren. In die Form legen, die Sauce darüber gießen und mit der Gewürzmischung bestreuen. Auf der mittleren Schiene 20 Minuten überbacken.

4 Mit Kokosraspeln bestreut servieren.

Möhren-Halwa

Gajar Halwa

Für 6 Portionen

Zubereitungszeit:
20 Minuten

750 g Möhren

¾ l Milch

1 Zimtstange

4 EL Butter oder Öl

30 g ungesalzene Pistazien

30–50 g blanchierte Mandeln

Samen von 8 Kardamomkapseln

60 g Zucker

60 g kernlose Trauben

etwas Joghurt

1 Möhren waschen, schälen und raspeln. Möhrenraspel, Milch und Zimt in einen großen Topf geben und aufkochen. Bei mittlerer Hitze so lange offen köcheln lassen, bis die Mischung andickt und die Milch vollständig aufgesogen wurde. Dabei häufig umrühren, damit nichts anbrennt. Zimtstange entfernen.

2 Butter oder Öl in einer Pfanne erhitzen. Möhrenmischung zugeben und bei mittlerer Hitze 5 Minuten braten, bis die Möhren glänzen.

3 Pistazien hacken, Mandeln hobeln oder hacken. Kardamomsamen im Mörser zerstoßen. Zucker, Pistazien, Mandeln, Trauben und Kardamom unterrühren und weitere 3–4 Minuten braten. Warm oder kalt mit Joghurt servieren.

Tipp

Gajar Halwa ist ein nahrhaftes Dessert, das Sie auch mit anderen Nüssen anreichern können.

Wer die Frucht wünscht,
soll nicht die Blüte
abschneiden.

Indisches Sprichwort

Süßes Joghurtgetränk

Mithi-Lassi

Zubereitungszeit:
5 Minuten

500 g Joghurt
4 EL Zucker
etwas zerstoßenes Eis

1 Joghurt mit ¼ Liter Wasser und Zucker mit dem Schneebesen verquirlen oder im Mixer verrühren, bis die Oberfläche schaumig wird.

2 Nach Belieben das zerstoßene Eis dazugeben und das Getränk kalt stellen.

Gebratene Bananen

Kela Bhaji

Zubereitungszeit:
10 Minuten

4 Päckchen Vanillinzucker
etwas geriebene Muskatnuss
½ TL gemahlener Zimt
4 Bananen
80 g Butterschmalz
40 g Puderzucker

1 Vanillinzucker, Muskat und Zimt mischen.

2 Bananen schälen und längs halbieren. Die halbierten Bananen auf einem Teller im Zucker-Muskat wälzen.

3 Butterschmalz in einer Pfanne erhitzen und die Bananen etwa 10 Minuten braten, auf einem Teller anrichten und mit Puderzucker bestreuen.

Ein Tropfen Wasser nur verdirbt einen ganzen Eimer Honig.

INDISCHES SPRICHWORT

Indische Eiscreme

Kulfi

Für 6–8 Portionen

Zubereitungszeit:
15 Minuten

Samen von 4 Kardamomkapseln

425 g gezuckerte Kondensmilch

30 g ungesalzene Pistazien

30 g blanchierte Mandeln

2 Tropfen Mandelaroma

150 g Crème Double

etwas Limonenschale

einige Rosenblütenblätter

1 75 Milliliter kochendes Wasser in eine Schüssel füllen, Kardamomsamen hineingeben und 15 Minuten darin einweichen. Anschließend filtern und abkühlen lassen.

2 Kondensmilch mit 75 Milliliter kaltem Wasser, Pistazien, Mandeln und Mandelaroma in den Mixer geben. Etwa 30 Sekunden lang sehr fein pürieren.

3 Das abgekühlte Kardamomwasser unterrühren und die Mischung in eine Schüssel geben. Crème Double unterrühren, bis sich weiche Spitzen bilden. Mit der Nussmasse vermengen. In einen flachen Plastikbehälter füllen und etwa 3 Stunden tiefgefrieren. Die Masse sollte in der Mitte noch weich sein.

4 Mischung in eine Schüssel geben und mit einer Gabel kräftig durchschlagen, um die Eiskristalle aufzubrechen. Mischung auf 6–8 Förmchen verteilen und mindestens 4 Stunden, am besten über Nacht, ins Gefrierfach stellen.

5 Zum Servieren jede Form von unten kurz in heißes Wasser tauchen und das Eis mit einem Messer vom oberen Rand lösen. Auf Teller stürzen und mit Limonenschale und Rosenblütenblättern garnieren.

Tipp

Kulfi ist eine Spezialität, die oft bei großen Festlichkeiten angeboten wird. Der eigens bestellte Kulfiwala und seine Helfer bringen riesige Tontöpfe mit, die zerstoßene Eiswürfel und röhrenförmige Behälter aus gebranntem Ton enthalten, die mit Kulfi gefüllt sind.

Milchreis mit Safran

Kesar Payesh

Zubereitungszeit:
15 Minuten

30 g getrocknete Aprikosen
600 ml Milch
einige Prisen fein gemahlene Safranfäden
60 g Rundkornreis
1 Zimtstange
45 g Zucker
30 g kernlose Trauben oder Sultaninen
75 ml Sahne
15 g Butter
1 Ei
15 g Mandelblätter
geriebene Muskatnuss

1 Getrocknete Aprikosen 30 Minuten in Wasser einweichen, in einem Sieb abtropfen lassen und fein hacken.

2 Milch und Safran in einen Topf geben und aufkochen. Reis und Zimt unterrühren und bei schwacher Hitze offen 25 Minuten köcheln, bis der Reis weich ist. Gelegentlich umrühren.

3 Backofen auf 160 °C vorheizen. Topf vom Herd nehmen und Zimtstange entfernen. Zucker, Trauben, Aprikosen, Sahne, Butter und Ei unterrühren.

4 Milchreis in eine gefettete Auflaufform geben und mit Mandelblättern und Muskatnuss bestreuen und im Backofen 25–30 Minuten backen, bis die Masse fest und goldgelb ist.

Tipp

Dazu schmeckt flüssige Sahne, die nach Wunsch mit Gewürzen, zum Beispiel Zimt, aromatisiert werden kann.

Schmeichle der Welt, wenn du Zucker auf deinem Brot essen willst.

INDISCHES SPRICHWORT

Mangoeiscreme

Am Kulfi

Für 4–6 Portionen

Zubereitungszeit:
15 Minuten

150 ml Sahne

2 Eigelb

½ TL Maisstärke

2 Dosen Mangoscheiben (à 425 g)

1 EL Limonen- oder Zitronensaft

150 ml Crème Double

einige Minzeblätter

1 Sahne in einem Topf erhitzen (nicht kochen). Eigelb mit Maisstärke und 1 Teelöffel Wasser in einer Schüssel verrühren und die heiße Sahne unter ständigem Rühren mit der Eigelbmischung vermengen.

2 Die Mischung wieder in den Topf geben und bei sehr schwacher Hitze so lange rühren, bis die Masse andickt. In eine Schüssel gießen.

3 Mangoscheiben in einem Sieb abtropfen lassen. Im Mixer pürieren oder mit einer Gabel durch ein Sieb passieren. Unter die Eiercreme heben und die Limonen- oder Zitronensaft unterrühren. Crème Double schlagen, bis sich weiche Spitzen bilden. Unter die Mangomischung heben.

4 In einen Gefrierbehälter füllen. Zugedeckt 2–3 Stunden tiefgefrieren, bis die Masse halb gefroren, aber in der Mitte noch weich ist. Die Mischung in eine Schüssel geben und mit einer Gabel gut umrühren. In den Behälter zurückgeben und zugedeckt tiefgefrieren, bis die Masse durch und durch fest ist.

5 Behälter 30 Minuten vor dem Verzehr in den Kühlschrank stellen. Mit Minzeblättern garnieren.

Tipp

Dieses fruchtige Eis ist der ideale Abschluss für ein scharfes Mahl.

Tamarinden-Drink

Imli Sarbat

Zubereitungszeit:
10 Minuten

2 TL Tamarindenpaste
½ TL Chilipulver
½ TL Salz
1 EL Zucker
1 TL geriebene Ingwerwurzel
Saft von 1 Zitrone
1 EL gehackte Minzeblätter

1 Tamarindenpaste, Chilipulver, Salz, Zucker, geriebene Ingwerwurzel und Zitronensaft in einen Mixer geben und mit 1 Liter Wasser verrühren.

2 Die gehackten Pfefferminzblätter unter die Mischung rühren.

3 Tamarinden-Drink im Kühlschrank durchkühlen lassen und eiskalt servieren.

Der Trunk, dessen man nie
müde wird, ist Wasser;
die Frucht, deren man nie müde wird,
ist ein Kind.

INDISCHE WEISHEIT

Erdbeer-Lassi

Namkin Lassi

Erdbeeren waschen und entstielen. Mit Joghurt, 300 Milliliter Wasser, Honig und Rosenwasser in einen Mixer geben und gut verrühren. Gut gekühlt servieren.

Variation

Dieses Getränk können Sie auch nur mit Joghurt, Limettensaft und Honig zubereiten.

Zubereitungszeit:
10 Minuten

200 g Erdbeeren

200 g Joghurt

2 EL Honig

½ TL Rosenwasser

Mango-Lassi

Am Lassi

1 Mango schälen und das Fruchtfleisch vom Stein lösen. Fruchtfleisch in Würfel schneiden.

2 Mango, Joghurt, 130 Milliliter Wasser und Zucker im Mixer pürieren, mit Zitronensaft abschmecken, mit Zitronenmelisse garnieren.

3 Mango-Lassi gekühlt servieren.

Zubereitungszeit:
5 Minuten

200 g Mango

250 g Joghurt

4 TL Zucker

1 TL Zitronensaft

einige Zitronenmelisseblätter

Salziges Joghurtgetränk

Namkeen-Lassi

Zubereitungszeit:
10 Minuten

½ TL Salz

300 g Joghurt

1 kleine grüne, gehackte Peperoni

½ TL Kümmel

3 EL gehackte Korianderblätter

1 Salz, Joghurt, gehackte Peperoni, Kümmel und gehackten Koriander in einen Mixer geben und mit 700 Milliliter Wasser etwa 1–2 Minuten verrühren.

2 Getränk für 1 Stunde in den Kühlschrank stellen. In hohen Gläsern mit Eiswürfeln servieren.

Würztee

Masala Tshai

Zubereitungszeit:
5 Minuten

2 Tassen fettarme Milch

3 EL Zucker

2 Gewürznelken

3 grüne Kardamomkapseln

½ Zimtstange

½ TL gemahlener Anis

2 EL schwarzer Tee

1 2 Tassen Wasser, Milch, Zucker, Nelken, Kardamom, Zimt und Anis in einen Topf geben und vermengen. Flüssigkeit aufkochen lassen. 2–3 Minuten bei schwacher Hitze köcheln lassen.

2 Schwarzen Tee hinzufügen und alles erneut aufkochen.

3 Würztee bei schwacher Hitze 10 Minuten ziehen lassen, durch ein Sieb gießen und servieren.

Rezepte von A–Z

K

L

M

N/O

P/R

S

T

V/W/Z